Siegfried Schröer (Hrsg.)

Christen und Juden

Voraussetzungen für ein erneuertes Verhältnis

Siegfried Schröer (Hrsg.), Christen und Juden. Voraussetzungen für ein erneuertes Verhältnis. Altenberge 1992, 157 S. DM [redacted]
ISBN 3-89375-059-2

CHRISTEN UND JUDEN
Voraussetzungen für ein erneuertes Verhältnis

Herausgegeben von
Siegfried Schröer

Mit Beiträgen von
Edna Brocke
Peter Fiedler
Hubert Frankemölle
Klemens Richter
Herbert Vorgrimler
Erich Zenger
Siegfried Schröer

OROS VERLAG

Umschlag: D. Rayen, Altenberge

Oros Verlag, Altenberge
Postfach 11 45
D 4417 Altenberge
Tel. (02505) 3534

ISBN 3-89375-059-2

Inhalt

VORWORT

Christen und Juden - Voraussetzungen für ein erneuertes Verhältnis

Wenn Christen sich auf dieses Thema einlassen, müssen sie sich dessen bewußt sein, daß sie es unter der Last einer fast zweitausendjährigen Unheilsgeschichte tun. Es gibt kaum ein zweites Verhältnis zwischen zwei Religionsgemeinschaften, das so belastet wäre von Schuld wie dieses. In dem Bewußtsein, daß die Wurzeln des eigenen Glaubens im Glauben des Volkes Israel liegen, müssen Christen sich zunächst einmal fragen, welchen Anspruch darauf sie noch erheben dürfen, nachdem sie durch die Verfolgung und Drangsalierung des jüdischen Volkes ihren Herrn und Heiland tausendfach erneut gekreuzigt haben (Vgl. Mt 25).

Kein Christ darf sich deshalb wundern oder gar beschweren, wenn viele Juden an einem erneuerten Verhältnis überhaupt nicht interessiert sind, allenfalls ein Nebeneinander zu tolerieren, aber keineswegs ein Miteinander anzustreben bereit sind. Wenn Christen gar in der Besinnung auf das gemeinsame Erbe ein geschwisterliches Verhältnis (- von einer wie auch immer gearteten Einheit sollte erst gar nicht geredet werden -) anstreben, so müssen sie von jüdischer Seite mit größtem Mißtrauen oder gar völliger Ablehnung rechnen - und wen sollte das nach dem Holocaust bzw. der Shoah verwundern!

Um so dankbarer müssen Christen dafür sein, daß viele Juden in den Gesellschaften für christlich-jüdische Zusammenarbeit mitarbeiten und das partnerschaftliche Gespräch mittragen. Mit innerer Anteilnahme nehmen Christen auch das seit einigen Jahrzehnten bei jüdischen Theologen erwachte Interesse an Jesus von Nazaret wahr, den sie sozusagen ins Judentum "heimholen" wollen.

Auf der anderen Seite sollte jedoch auch nicht verkannt werden, daß es in den letzten Jahrzehnten ermutigende Zeichen einer Neuorientierung der christlichen Kirchen im Verhältnis zum Judentum gegeben hat und weiterhin gibt (Erklärung des 2. Vaticanums "Nostra aetate", die "Hinweise für eine richtige Darstellung von Juden und

Judentum in der Predigt und in der Katechese in der katholischen Kirche" von 1986; die Studien der Evangelischen Kirche in Deutschland (EKD) von 1975 und 1991 uva.).

Die in diesem Buch veröffentlichten Beiträge wurden als Referate bei der Verbandstagung des Verbandes katholischer Religionslehrer an Gymnasien in Nord- und Westdeutschland e.V. in der Zeit vom 27. bis 29. Sept. 1991 in Münster in Westfalen vorgetragen. Der Verband wollte mit der Veranstaltung unter dem Thema "Christen und Juden - Voraussetzungen für ein erneuertes Verhältnis" dazu beitragen, daß im Religionsunterricht den Schülern eine Sicht des Judentums vermittelt wird, die dem heutigen theologischen Reflexions- und Forschungsstand entspricht; vor allem sollte damit aber ein Beitrag geleistet werden zu dem Bemühen, zu einem entkrampften, auf gegenseitigem Respekt basierenden Dialog zwischen Christen und Juden zu gelangen.

Im Sinne der biblischen Botschaft vom menschenfreundlichen Gott wäre es ein großer Schritt nach vorn, wenn Christen und Juden sich endlich zu dem "gemeinsamen Bundesgott" (s. Vorgrimler) bekennen und gemeinsam seine liebende Zuwendung zur Welt bezeugen würden - trotz der bleibenden unterschiedlichen Auffassungen über die Wege Gottes mit den Menschen, vor allem über Jesus von Nazaret.

Möge auch die Veröffentlichung dieser Referate diesem Anliegen dienen!

Siegfried Schröer

Edna Brocke

"JÜDISCHES SELBSTVERSTÄNDNIS HEUTE IM ANGESICHT DES CHRISTENTUM"[1]

Jüdische Identität, jüdische Existenz und jüdisches Selbstverständnis bestehen an sich und für sich. Gewiß kann man sie nicht völlig losgelöst von äußeren Einflüssen oder Zwängen bzw. vom Austausch mit anderen betrachten, doch spielen diese erst in einer gewissen Wechselwirkung eine Rolle. Deshalb werde ich zunächst einmal versuchen, die verschiedenen jüdischen Identitäten, Existenzformen, Selbstverständnisse zu beschreiben und werde erst im zweiten Teil auf das Thema im engeren Sinn eingehen: also "im Angesicht des Christentums".

I

1. Die Formulierung und die Beschreibung der Grenzen, die die jeweilige eigene Identität ausmachen, sind Grundnotwendigkeit des Lebens ebenso wie Grundgegebenheit eines Verhältnisses.
2. Es gibt nicht die eine, klare, unveränderbare jüdische Identität, sondern eine Vielfalt verschiedener Existenzformen, die sich je nach eigenen Grenzziehungen verstehen, beschreiben oder auch definieren.
3. Was ich hier versuchen kann, ist, den gemeinsamen Nenner dieser verschiedenen Formen aufzuzeigen, ohne dabei ein System oder ein schlüssiges Ganzes zu behaupten.
4. Mir scheint, daß man jüdische Existenz oder jüdische Identität nur beschreiben, nicht jedoch definieren kann (allemal nicht in einem 'justiziablen' Sinn). Zwar gibt es die von jüdisch-orthodoxen Kreisen formulierte Festlegung, daß Jude sei, "wer Sohn oder

[1] Thesen zum Referat, gehalten am 27.9.1991 in Münster.

Tochter einer jüdischen Mutter oder zum Judentum übergetreten ist", was aber als eine juristische Definition erscheint, jedoch auch nur eine etwas engere Umschreibung ist, denn "nachweisen" läßt sich dabei kaum etwas.

5. Man kann also jüdische Existenz und Identität vor allem als einen "way of life", also als eine Art Lebensstil beschreiben. Natürlich gibt es auch im jüdischen Kontext *dogmatische Sätze* und festgelegte Strukturen, es gibt jedoch - anders als im Christentum - keine *Dogmatik*, die ein geschlossenes Denkgebäude darstellt. Deshalb ist eine Vielfalt in jüdischen Lebensweisen und -welten grundlegend für jüdische Existenz und somit auch für ihr Selbstverständnis.

6. Die jüdische Geschichte erstreckt sich über einen sehr langen Zeitraum - von biblischer Zeit bis heute. Sie wird innerjüdisch vorwiegend als ungebrochene Kontinuität wahrgenommen und prägt somit jüdisches Geschichts*bewußtsein* ganz intensiv. Im Zusammenhang mit dem mir gestellten Thema müßten daher alle Epochen in der jüdischen Geschichte berücksichtigt werden - was jedoch hier nicht zu leisten ist. Deshalb beschränke ich mich auf den Versuch, kurz auf jenen tiefen Einschnitt in der jüdischen Geschichte einzugehen, den die Verleihung der Bürgerrechte auch an Juden (infolge der französischen Revolution) zur Folge hatte.

- Man kann - sehr verallgemeinernd - sagen, daß bis zur Verleihung der Bürgerrechte Juden ihre Existenz sowohl über ihre Mitgliedschaft in der Religionsgemeinschaft "Judentum" als auch über ihre Mitgliedschaft in Am Jissra'el (unzureichend und nicht ganz präzise mit 'Volk Israel' übersetzt; mir ist jedoch keine treffendere Vokabel bekannt) formulierten. Beide 'Mitgliedschaften' waren fast deckungsgleich. Deshalb wurde der Aspekt der religiösen Zugehörigkeit (als der sichtbarer*e* und wahrnehmbarer*e*) zum entscheidenden in Wahrnehmung und Reaktion der nichtjüdischen Umwelt.
- Seit der Verleihung der Bürgerrechte auch an Juden standen Juden zum ersten Mal vor der Alternative, die Mitgliedschaft in der Religionsgemeinschaft ein wenig von ihrer Zugehörigkeit zum jüdischen Volk trennen zu können. Es zeichneten sich vier

wichtige Reaktionen ab, die hier nur sehr verkürzt angedeutet werden sollen:

a) Die Reform-Bewegung: Sie war der Versuch, die eigene religiöse Zugehörigkeit im Sinne einer Akkulturation an die christliche Mehrheitsgesellschaft zu verändern. Die Änderungen waren im liturgischen Bereich besonders deutlich sichtbar (Kürzen der Gottesdienste; Abhalten in der Landessprache; Ablehnung der Bindung an das Land Israel u.v.a.m.). Es waren aber auch andere, äußere Veränderungen sichtbar, wie etwa die Kleidung des Rabbiners in Anpassung an die eines evangelischen Pfarrers, Aufhebung der Trennung zwischen Männern und Frauen in der Synagoge und vieles andere mehr.
Die Reformbewegung entstand in Deutschland, ist aber auf Grund der historischen Geschehnisse heute vorwiegend in USA, Kanada und England vertreten.

b) Der Zionismus: Er war und ist der Versuch einer politischen Antwort auf die neue Situation. Als Befreiungsbewegung des jüdischen Volkes versuchte der Zionismus neue Strukturen aufzuzeigen. Um der Ausgrenzung von Juden in der nichtjüdischen Mehrheitsgesellschaft Europas auszuweichen, strebt der Zionismus eine Erneuerung der eigenen jüdischen Gesellschaft an, zu der die politische Selbstbestimmung gehört.
Zu den langen Diskussionen um die äußere Form dieser Erneuerung gehörte in der Anfangszeit jene um den 'Kulturzionismus'. Die von den Briten vorgeschlagene, von Herzl akzeptierte, vom Zionistischen Kongress (1904) jedoch eindeutig abgelehnte 'Uganda-Lösung' gehörte zu den heftigsten inner-zionistischen Auseinandersetzungen.

c) Assimilation: Die Assimilanten müssen als Ausdruck des extremen Versuchs gesehen werden, sich der Mehrheitsgesellschaft anzupassen. Sie waren bereit, ihre Identität als Juden, also ihr Jude-Sein, auf eine konfessionelle Zugehörigkeit zu reduzieren und somit von der existentiellen Überschneidung und gegenseitigen Abhängigkeit der beiden oben erwähnten 'Mitgliedschaften' voneinander abzusehen.

Seit Auschwitz ist für viele Juden klar, daß der Weg der Assimilation lediglich als privater Weg von Individuen versucht werden kann, daß er jedoch keinen für eine Gruppe von Juden darstellt.

d) Die Orthodoxie: Sie hat sich auch durch die Verleihung der Bürgerrechte seitens der bürgerlichen Gesellschaft nicht von ihrem Weg abbringen lassen. Orthodox-religiöse Standpunkte gehen von einem Lebens- und Gesellschaftsentwurf aus, der unabhängig von den äußeren Bedingungen Gültigkeit hat. Die Orthodoxie ruht auf den Säulen 'Gott Israels' mit seiner besonderen Beziehung zum Volk Israel und der Beziehung zum Land Israel über die Torah Israels.

7. Zwei entscheidende Ereignisse im 20. Jhdt. markieren Einschnitte in der jüdischen Geschichte und folglich auch im jüdischen Selbstverständnis: es waren zum einen die Shoah und nur wenig später die Gründung des Staates Israel.
Es gibt Menschen, die diese beiden Ereignisse als gewissermaßen komplementär betrachten, als würden sie in einer dialektischen Beziehung zueinander stehen. Inwieweit diese Ereignisse auch Daten in der allgemeinen Geschichte sind, bleibt offen - in jedem Fall sind es zentrale Daten in der jüdischen Geschichte.

II

1. Ein Blick in die Geschichte scheint notwendig. Der TaNaCh[2] ist eine Einheit, bildet ein Ganzes, das sowohl ein Geschichtsbuch als auch gleichzeitig ein Erfahrungsbericht über Gottes Umgang mit seiner Schöpfung, speziell jedoch mit seinem Volk Israel, ist.
Diese besondere Struktur hat Paulus entweder abgelehnt oder uminterpretiert, als er eine (von Heiden an ihn gestellte, für Juden unverständliche) Frage aufgriff: *"Hat Gott sein Volk verworfen?"*.
Da er der Überzeugung war, daß mit Jesus etwas Neues angefan-

[2] TaNaCh ist ein Kunstwort, das die drei Teile der Hebräischen Bibel zusammenfaßt: Torah (= 5 Bücher Mose), Newi'im (= Propheten, einschließlich der Geschichtsbücher von Josua bis Könige), Chetuwim (= Schriften).

gen habe, stand Paulus vor einem Dilemma. Grob verkürzt und vereinfacht beschrieben löste er es wie folgt: Mit dem Auftreten Jesu hätten nun auch die Völker Anteil an der besonderen Beziehung zwischen Am Jissra'el (dem Volk Israel) und seinem Elohej Jissra'el, dem Gott Israels. Er war der Meinung, daß nun auch Heiden, die durch ihren Glauben an Jesus (der ein Jude war) als dem Christus Anteil am bestehenden Bund Gottes mit Israel hätten. Seine Hoffnung auf eine "Kirche aus Heiden und Juden", also auf das Aufgehen von Am Jissra'el in der Kirche, meinte er ansatzweise schon als erfüllt erlebt zu haben.

Unter der Voraussetzung solchen Glaubens und solcher Hoffnung dreht Paulus die Frage des TaNaCh nach dem Verhältnis von Am Jissra'el zu den anderen Völkern schlicht um; sie lautet dann: Wie bestimmen die dazugekommenen Völker ihr Verhältnis zu dem "originären Israel"? Ein solcher Zugang nötigt zu klaren Aussagen über das *'originäre Israel'*. Diese können sich aber mit Eigenaussagen des realen Israel (sowohl in Paulus' Zeit als auch danach) nicht decken.

Das Ausbleiben jedoch der erhofften "Kirche aus Juden und Heiden", aber auch die pure Fortexistenz des jüdischen Volkes stellen die paulinische Sicht und Interpretation in Frage. Können die aus den Heidenvölkern kommenden Christen jüdische Erfahrungen und jüdische Texte übernehmen? Ein wenig anders stellte sich diese Frage noch im Hinblick auf die jesusgläubigen Juden (die sogenannten 'Judenchristen'), die diese Texte in ihrem historischen Kontext noch verstanden. Schon sehr früh wurde diese existentielle und zentrale Frage verdrängt und mit der "Enterbungstheologie", also mit der Behauptung, die Kirche sei an die Stelle Israels getreten, "beantwortet". So bezeichneten die Kirchen sich selbst als *'verus Israel'* ('das wahre Israel').

Zu keiner Zeit wurde diese existentielle Infragestellung innerchristlich ernst genommen, als Herausforderung aufgenommen oder gar ernsthaft reflektiert. Erst nach der Shoah wird sie zu einem zentralen Punkt für die theologische Reflexion einiger Theologen.[3]

2. Eine der Folgen dieser theologischen Leerstelle waren (seit der Allianz des Christentums mit der politischen Staatsmacht etwa im 3./4. Jhdt. d. Z.) die wiederholten und mit zunehmender Militanz durchgesetzten Ausgrenzungen der Juden aus der christlich-christianisierten Gesellschaft (Kreuzzüge, Hostienschändungslegenden, Ritualmordlegenden, Inquisition, Pogrome bis hin zur Shoah, die in christlichen Ländern und von Christen verschiedener Richtungen begangen wurden).
   In der Zeit der Kreuzzüge und der Inquisition stand den Juden wenigstens noch die Option, sich fürs Leben zu entscheiden, offen: jene Juden, die sich taufen ließen, wurden nicht umgebracht. In der Zeit der Shoah stand nicht einmal mehr diese Option offen.
3. Auch in der säkularisierten post-christlichen Gesellschaft haben sich diese Denkstrukturen erhalten. Sie leben in säkularisierter und somit in verselbständigter Weise fort und sind auch weiterhin wirksam, ohne daß ihr christlicher Ursprung den meisten - christianisierten aber religiös nicht mehr gebundenen - Bürgern der westlichen Gesellschaften bewußt ist. Beispiele dafür gehen bis in (heute noch gebräuchliche) Sprachregelungen hinein.
4. Im islamischen Herrschaftsbereich hingegen wurden Juden (und Christen) gemäß dem Dhimmi-Gesetz geduldet und mußten nicht

[3] Die interessante Kontroverse zwischen Bischof U. Wilckens, der die These vertrat, Antijudaismus sei in den Schriften des Neuen Testamentes grundgelegt und sei konstitutiv für Christentum, und die engagierte Erwiderung von David Flusser, der diese These zu widerlegen suchte, ist leider nie weitergeführt worden. Die Kontroverse ist in diversen Nummern von *Evangelische Theologie* dokumentiert. David Flusser, *Ulrich Wilckens und die Juden,* in EvTh (34) 3/1974 S. 236-243; Ulrich Wilckens, *Das Neue Testament und die Juden,* in EvTh (34) 6/1971, S. 602-611; Rolf Rendtorff, *Die neutestamentliche Wissenschaft und die Juden. Zur Diskussion zwischen David Flusser und Ulrich Wilckens,* in EvTh (36) 2/1976 S. 191-200. Ich denke, sie sollte ernsthaft diskutiert werden, da sie an die Kernfrage christlicher Identität rührt, eine Frage, die seit der Entstehung der Schriften des NT nicht diskutiert, sondern dogmatisiert wurde.

zum Islam 'bekehrt' werden. Sie konnten - was für frühere Zeiten sehr fortschrittlich war - als *Bürger zweiter Klasse* ihre jeweilige Tradition wahren. Diese Toleranz pflegt der Islam bis heute, jedoch nur dann, wenn Juden (oder Christen) keine eigene politische Verwirklichung anstreben (siehe die Gegenbeispiele Libanon und Israel).

5. Die grundlegende Asymmetrie zwischen Judentum und Christentum bedingt, daß auch der Versuch einer Erneuerung des Verhältnisses asymmetrisch und ungleich verläuft. Die Asymmetrie ist sowohl intern (in den je grundverschiedenen Lebensentwürfen) als auch extern (in der je unterschiedlichen Verfügung über zahlenmäßige, politische, gesellschaftliche und vor allem ökonomische Macht). Deshalb müssen bei dem Versuch einer Erneuerung auch grundlegend unterschiedliche Ansätze gewagt werden.
   Dazu gehört - aus meiner Sicht - die drängende Notwendigkeit, sich als Christen nicht nur mit theologisch bereits festgelegten Sätzen zu beschäftigen, sondern die immer wieder verdrängte Frage nach der eigenen Identität als Christen-aus-den-Heidenvölkern zu stellen und sich mit ihr tiefgehend auseinanderzusetzen.

Peter Fiedler

"CHRISTENTUM UND JUDENTUM" ALS THEMA DES RELIGIONSUNTERRICHTS

Leitlinien für einen angemessenen Umgang

I. Voraussetzungen

In einer Repräsentativ-Befragung von 212 Religionslehrer/innen der Erzdiözese Freiburg wurde diese Reihenfolge von möglichen Zielen der unterrichtlichen Behandlung des Judentums festgestellt: "Achtung des Judentums als eigenständige Religionsgemeinschaft - Abbbau religiöser Vorurteile - besseres Verstehen des christlichen Glaubens - Abbau von wirtschaftlichem und rassischem Antisemitismus - Dialogfähigkeit mit Juden - Sensibilisierung für die Probleme und Rechte anderer Minderheiten."

Solche Zielangaben wurden jeweils mindestens von der Hälfte der Antwortenden (insgesamt 187) bejaht. Demgegenüber fand das Ziel "Bereitschaft, sich für die Gewinnung der Juden zum Christentum einzusetzen", nur drei Befürworter. Allerdings läßt dieses Ergebnis den Schluß nicht zu, daß sich die befragten Lehrer/innen über die Begründung der von ihnen angestrebten Ziele in gleich eindeutiger Weise im klaren wären. Denn in der Sicht des Verhältnisses zwischen Christen und Juden ergaben sich bemerkenswert abweichende Auffassungen.

Die Aussage "Die Kirche hat das Judentum heilsgeschichtlich abgelöst" fand die Zustimmung von 53,5 % der 196 Antwortenden. Weitere 14,8 % waren unentschieden, so daß nur weniger als ein Drittel der Aussage ablehnend gegenüberstanden.[1] Guter Wille soll den Befür-

[1] U. Reck, Das Judentum im katholischen Religionsunterricht. Wandel und Neuentwicklung (Lernprozeß Christen-Juden, 5), Freiburg/ Basel/Wien 1990, 179(-184) und 162(-167).

wortern dieser Aussage nicht abgesprochen werden, wenn sie sich für Ziele wie "Achtung des Judentums als eigenständige Religionsgemeinschaft", "Abbau religiöser Vorurteile" oder "Dialogfähigkeit mit Juden" entschieden haben.

Guter Wille genügt jedoch nicht. Denn zu solchen Zielen steht die Auffassung der heilsgeschichtlichen Ablösung des Judentums durch die Kirche in eklatantem Widerspruch. Mit einem Juden als Partner in einen religiösen Dialog eintreten zu wollen, setzt voraus, ihn als einen Menschen anzusehen, der als heutiger Mensch für meinen Glauben wichtig ist, und nicht als Überbleibsel einer längst erledigten Periode im Heilswirken Gottes.

Woher kommt aber nun dieser Unterschied zwischen guten Absichten und widersprüchlicher theologischer Einstellung? Erfahrungsgemäß wirkt sich die fehlende oder falsche Ausbildung aus, von der wir auch ein Vierteljahrhundert nach dem II. Vaticanum betroffen sind.

So haben die deutschen Bischöfe erst unter dem Datum vom 1.12.88 die Befähigung zum Dialog mit dem Judentum in die neue "Rahmenordnung für die Priesterbildung" aufgenommen. Dabei sind ausdrücklich die Fächer alt- und neutestamentliche Exegese, Fundamentaltheologie, Ekklesiologie und Liturgiewissenschaft genannt. Bis sich diese Rahmenordnung in Studien- und Prüfungsordnungen theologischer Fakultäten und Fachbereiche (auch Pädagogischer Hochschulen) niederschlägt, vergeht üblicherweise beträchtliche Zeit...

Darüber hinaus müssen nicht nur Inhalte geändert werden, sondern auch bei denen, die die neuen Inhalte vermitteln sollen, müssen tiefgreifende Umstellungen ablaufen. Denn beim Judentum geht es ja nicht einfach um eine Weltreligion neben anderen. Vielmehr haben wir es hier unmittelbar mit unserem christlichen Selbstverständnis zu tun. Verlangt ist demnach eine sachgerechte Vermittlung dessen, was man als die jüdische Konstante des Christentums bezeichnen könnte oder - mehr dynamisch betrachtet - das Christ-Werden aus der jüdischen Wurzel, die ihre Lebenskraft im Judentum bis heute erwiesen hat und weiter erweist.

Es ist irgendwie begreiflich, wenn auch nicht zu rechtfertigen, daß nicht bloß bei vielen Christen allgemein, sondern besonders auch bei Theologen die Herausforderung zu solchen Umstellungen Verweigerungen und sonstige panikartige Reaktionen hervorruft. Als ein Beispiel können diese Sätze zum Stichwort "Bund" im von W. Beinert herausgegebenen "Lexikon der katholischen Dogmatik" dienen: "Paulus stellt in scharfen Antithesen den Unterschied zwischen dem entarteten Alten B. und dem Neuen B. heraus: Es ist der Gegensatz von Gesetz und Evangelium, von Knechtschaft und Freiheit (Gal 3-5), von tötendem Buchstaben und lebendigmachendem Geist, von Vergänglichem und Bleibendem (2 Kor 3,6-18)."[2]

Da erscheint die Behauptung der heilsgeschichtlichen Ablösung des Judentums durch die Kirche vom Neuen Testament aus als völlig berechtigt. Und so steht bis heute im "Gotteslob" über den durch Christus vermittelten "Neuen Bund": "Dieser Bund soll ewig währen, und der alte hat ein End'."

Das läßt sich freilich nur solange aufrechterhalten, wie übergangen wird, daß derselbe Paulus im jüngsten seiner Briefe solche polemischen Aussagen korrigiert, sie also keineswegs - wie herkömmliche Theologie bei uns voraussetzt - verabsolutiert hat. Vielmehr hat Paulus in Röm 9,4f die Heilsgaben Gottes an sein Volk Israel (darunter eben auch die Bundesschlüsse bzw. -zusagen) als gültig anerkannt und in Röm 11,28f unterstrichen, daß Gott, ungeachtet der Tatsache, daß der weitaus größte Teil des jüdischen Volkes den Glauben an Jesus als Messias nicht annimmt, den Juden treu bleibt.[3]

Das Judentum wird also gerade nicht "heilsgeschichtlich" durch die Kirche abgelöst. Die Folgen für unser kirchliches Selbstverständnis können kaum überschätzt werden. Was Paulus mit dem Satz "die Wurzel trägt dich" (Röm 11,18) seinen heidenchristlichen Gemeinden nahebringen wollte, beginnt sich (erst!) bei uns heute allmählich Bahn zu brechen: Die Juden sind die "älteren", die "bevorzugten" Geschwister. Daher ist es durchaus nicht übertrieben, wenn unser Papst beim selben Anlaß seines Synagogenbesuchs in Rom 1986 von Artikel 4

[2] Freiburg/Basel/Wien 1987, 47. Im gesamten Artikel "Bund" von G. Kraus (46-49) kommen Röm 9,4f und 11,28f nicht vor.

[3] Dazu mein Beitrag "Das Israel Gottes' im Neuen Testament - die Kirche oder das jüdische Volk?" in: Christlicher Antijudaismus und jüdischer Antipaganismus (Hamburger theologische Studien, 3), hg. von H. Frohnhofen, Hamburg 1990, 64-87.

der Konzilserklärung "Nostra aetate" den Ausdruck gebrauchte: "Die entscheidende Wende (im Verhältnis der katholischen Kirche zum Judentum und zu den einzelnen Juden)".[4]

Dahinter verbirgt sich das Eingeständnis, daß wir als Heidenkirche gegenüber dem Judentum bisher selbst die Hülle vor unseren Augen trugen, die wir den Juden unter Berufung auf Paulus und andere neutestamentliche Aussagen angedichtet hatten.

Gerade das Beispiel Paulus vermag weitere Aufgaben unserer Neubesinnung zu verdeutlichen, wenn es uns wirklich um echte Umkehr im Sinn der biblischen "teschuwa", im Sinn der neutestamentlichen "metanoia", des Umdenkens geht. Wir müssen uns an einen anderen Paulus halten als an den, dem wir bisher nur zu bereitwillig Gehör schenkten, nämlich wenn er uns das Judentum theologisch zu exekutieren schien, so daß wir die verbleibende Erbmasse zugunsten der Heidenkirche beschlagnahmen zu dürfen meinten.

Mit solcher Notwendigkeit, unser Verständnis neutestamentlicher Texte zu klären, hängt die Aufgabe zusammen, im Umgang mit dem von uns so genannten "Alten Testament" neue Wege zu gehen. Anstatt die jüdische Bibel triumphalistisch gegen das Judentum zu mißbrauchen, müssen wir anerkennen, daß unser vom jüdischen verschiedenes Verständnis den Christusglauben zur Grundlage hat - mit dem ja auch wir noch "auf Hoffnung hin" unterwegs sind.[5]

Dieser unser Christusglaube begründet insgesamt die heute und in Zukunft bestehende Unterschiedenheit von Christen und Juden. Dadurch ist jede Art von Synkretismus ausgeschlossen. Zugleich gilt: Unser Ja zu Jesus Christus "gehört dem Bereich des Glaubens an, das heißt der freien Zustimmung der Vernunft und des Herzens, die vom Geist geleitet werden". Weil nun aber die Juden bei ihrem Nein zu Jesus als Messias vom selben Geist Gottes geleitet werden, bleibt uns

[4] Die Kirchen und das Judentum. Dokumente von 1945 bis 1985. Hg. von R. Rendtorff (H. H. Henrix, Paderborn/München 1988, 108f.).

[5] Dazu in meinem Beitrag "Lernprozeß Christen-Juden" 136-139 in: Das Geheimnis erspüren - zum Glauben anstiften. FS G. Biemer, hg. von A. Biesinger/W. Tzscheetzsch, Freiburg/Basel/Wien 1989, 135-163.

so, wie wir es für unsere Glaubensentscheidung erwarten, nur die "Achtung vor den inneren Überzeugungen" der Juden.[6]

Erst eine solche Achtung schafft die Bereitschaft, "die grundlegenden Komponenten der religiösen Tradition des Judentums besser zu verstehen" und auf diese Weise zu lernen, "welche Grundzüge für die gelebte religiöse Wirklichkeit der Juden nach ihrem eigenen Verständnis" - nicht nach unserem! - "wesentlich sind."[7]

II. Folgerungen für den RU[8]

Haben wir bei uns selbst begonnen, das von zahllosen judenfeindlichen Klischees oft auch (nur) unterschwellig geprägte Bild "der" Juden durch Aufmerksamkeit für die Vielfalt jüdischen Lebens und Glaubens abzubauen, und wächst bei uns selbst die Bereitschaft, unseren christlichen Glauben nicht in scheinbaren Gegensätzen, sondern in der bleibenden Angewiesenheit auf Juden und Judentum zu verstehen und zu leben, dann kann es unserem RU zumindest anfanghaft und teilweise gelingen, die eingangs genannten positiven Ziele zu erreichen.

Dabei legt sich die Jesus-Thematik als Schwerpunkt schon deswegen nahe, weil die Lehrpläne für die verschiedenen Jahrgänge immer wieder so etwas wie Jesus-Kurse oder doch zumindest Teilinhalte daraus vorsehen. Dazu bedarf es von unserem christlichen Glauben aus keiner besonderen Rechtfertigung. Von hier aus gewinnt aber der Satz sein Gewicht, den die deutschen Bischöfe ihrer Erklärung über

[6] So der Papst in der römischen Hauptsynagoge: s. o. Anm. 4, 110.

[7] So die vatikanischen "Richtlinien und Hinweise für die Durchführung der Konzilserklärung 'Nostra aetate', Art. 4" von 1974/75: s. o. Anm. 4, 49 - also gegen christliche Besserwisserei!

[8] Im Folgenden konkretisiere ich einzelne Kategorien der "Anregungen und Kriterien" in der von der Hauptabteilung Erziehung und Schule im Bischöflichen Generalvikariat Aachen hg. Publikation "Christen und Juden. Von den Wurzeln her verbunden. Leitlinien, Kriterien, Anregungen und Empfehlungen für die Verkündigung, die Erwachsenenbildung und den Religionsunterricht", Aachen 1989 (22-67, besonders 46ff.); erhältlich beim Katechetischen Institut des Bistums Aachen.

das Verhältnis der Kirche zum Judentum (1980) voranstellten: "Wer Jesus Christus begegnet, begegnet dem Judentum".[9]

1. Jesu Jude-Sein

Das erscheint heutzutage zwar als eine Selbstverständlichkeit. Dagegen spricht freilich, daß es vielen Christen, auch Theologen, immer noch schwerfällt anzuerkennen, daß Jesus kein Christ war, sondern als Jude lebte und starb. Ebensowenig war übrigens Maria Christin, ebensowenig waren es - um dies vorwegzunehmen - Jesu Jünger/innen, auch als sie nach dem Karfreitag aufgrund der Ostererfahrung Jesu Botschaft erneuerten und weiterverkündigten.[10]

Jedenfalls entscheidet sich erst bei näherem Zusehen, ob die Anerkenntnis von Jesu Jude-Sein zu einer angemessenen Würdigung oder zu einem Zerrbild des Judentums führt. Dabei legt sich eine Einschränkung auf das zeitgenössiche Judentum zwar grundsätzlich nahe. Nun sieht sich aber das heutige Judentum selbst in Kontinuität zum biblischen und zum antiken Judentum, und auch wir Christen behaften zumindest bei bestimmten Traditionen das Judentum kontinuierlich bis heute mit Geschehnissen der Jesuszeit - hier sei nur im Vorgriff die Verleumdung erwähnt, "die Juden" hätten "Christus" oder "den Sohn Gottes gekreuzigt". Deshalb müssen wir beachten, daß die Schüler/-innen mit unseren Aussagen über das Judentum, dem Jesus entstammte und in dem er lebte und wirkte, nahezu unvermeidlich auch die heutigen Juden verbinden.

Das mag bei der Darstellung der politischen und sozialen Zustände in Jesu Heimat, die mit heutigen Verhältnissen in einem Land der "Dritten Welt" zu vergleichen sind, durchaus hinzunehmen sein. Die Enttäuschung, wenn ein solches Israelbild des RU bei einer späteren

[9] S. o. Anm. 4, 261.

[10] Zur Urkirche, die zunächst nichts anderes als eine messianische Gruppe (unter mehreren) im damaligen Judentum war, vgl. L. Schenke, Die Urgemeinde, Geschichtliche und theologische Entwicklung, Stuttgart/Berlin/Köln 1990.

Israelreise durch die Wirklichkeit des modernen Staates korrigiert wird, braucht keine Vorurteile hervorzurufen oder zu bekräftigen.

Anders steht es freilich mit Einzelthemen der Verkündigung Jesu. Hier kann der Jude Jesus durchaus gegen "die" Juden mißbraucht werden. Zu diesem Zweck werden einerseits Inhalte der Botschaft Jesu in Gegensatz zu "der" zeitgenössischen jüdischen Lehre gebracht. Andererseits bedient man sich bestimmter Gegner Jesu, um ihn und seine Verkündigung bei aller Betonung seines Jude-Seins von seinen Zeitgenossen abzuheben. Oft finden sich Verbindungen beider Darstellungsweisen.

Um solchen bis heute virulenten Tendenzen von vornherein entgegenzuwirken, ist es angebracht, die "religiöse Sozialisation" des Juden Jesus herauszuarbeiten. Dies geschieht im heutigen RU normalerweise bei Inhaltsbereichen wie dem Sabbat und dem Synagogengottesdienst, Festen in der Familie und am Tempel (vor allem Pesach) oder dem Tenach, der "hebräischen Bibel".

Dabei kommt es darauf an, einen goldenen Mittelweg zwischen kurzschlüssiger und damit irreführender Vernachlässigung geschichtlich bedingter Unterschiede und einer die Schüler/innen überfordernden Betonung derselben zu finden (z.B. Pesach damals mit Lammopfer am Tempel; Tenach zur Zeit Jesu noch unabgeschlossen u.a.m.).

In diesem Zusammenhang darf ein weithin vorhandenes Defizit nicht unerwähnt bleiben, das in der theologischen Ausbildung besteht. Es bezieht sich auf die sechs Jahrhunderte zwischen dem Babylonischen Exil, wo bei uns üblicherweise die Beschäftigung mit dem Alten Testament endigt, und der Jesuszeit. Auf diese Weise ist uns der Zugang zum Verständnis des Judentums, dem Jesus und die Urkirche angehören, nahezu verbaut.

Denn in diesem Zeitraum entwickeln sich die für das frühe Judentum wesentlichen Komponenten, also etwa die heilige Schrift und das Schriftgelehrtentum, die Kultkonzentration auf den Jerusalemer Tempel und die Synagogen, die Bipolarität des jüdischen Lebens in Erez Jisrael und der Diaspora, die Hochschätzung von Sabbat und Festkalender, von Beschneidung und kultisch-ritueller Praxis als den Lebenswerten zur Wahrung der jüdischen Identität, für die man in der Religionsverfolgung durch Antiochus IV. Epiphanes und beim dadurch ausgelösten Makkabäeraufstand sein Leben eingesetzt hatte. Damit steht dann auch die Bildung der religiösen Gruppen in Zusammenhang, deren Vielfalt bis 70 n. Chr. das Judentum beeinflußte.[11]

Die mangelnde Kenntnis solcher Zusammenhänge verursacht bei uns nahezu zwangsläufig Vorurteile, die bei der Sicht des Auftretens Jesu und seiner jüdischen Welt zum Tragen kommen. Deshalb mahnt C. Thoma zu recht: "Erst wenn das Judentum der Zeit Jesu in seinen humanen Zügen und seiner Kreativität aufgewiesen ist, darf man sich daran machen, den Juden Jesus von Nazaret in seiner Unverwechselbarkeit, Würde und Bedeutung zu skizzieren."[12]

Einen zentralen Bereich, bei dem akute Gefahr von Vorurteilen besteht, bildet das Thema "Gottesbild Jesu". Hier müssen wir seine biblisch-frühjüdischen Konturen wahrnehmen und verdeutlichen. Denn Jesus hat entgegen allen markionitischen Versuchungen, die für unsere Glaubensgeschichte eine ständige Bedrohung darstellen, kein neues Gottesbild geoffenbart. Der Gott der Barmherzigkeit kann weder bei Jesus noch im "Alten Testament" noch im nachbiblischen Judentum gegen den Gott der Gerechtigkeit ausgespielt werden - Entsprechendes gilt natürlich für das Neue Testament.

Darum müssen etwa für eine sachgerechte unterrichtliche Behandlung von Gleichnissen Jesu die Schüler/innen ihren damaligen Glaubens- und Lebensbezug erfassen (können). Die Parabel LK 15,11-32 ist also einseitig ausgelegt, wenn wir ihr Hauptziel in der Aufnahme des "verlorenen Sohnes" durch den Vater sehen. Denn hier ist zunächst "nur" die Voraussetzung angesprochen, die Jesu Zuhörer/innen mit ihm teilen: Daß Gott den umkehrwilligen Sünder bedingungslos aufnimmt, ist von der Bibel her jüdisches Glaubensgut (z. B. Ez 18).[13]

11 Dazu etwa P. Schäfer, Geschichte der Juden in der Antike, Stuttgart/Neukirchen-Vluyn 1983.

12 Christliche Theologie des Judentums (Der Christ in der Welt VI. 4a/b), Aschaffenburg 1978, 163.

13 Dazu (im Blick auf unsere soteriologischen Konzepte) mein Beitrag "Beim Herrn ist die Huld, bei ihm die Erlösung in Fülle", in: Israel und Kirche heute. FS E. L. Ehrlich, hg. von M. Marcus/E. W. Stegemann/E. Zenger, Freiburg/Basel/Wien 1991, 184-200.

Die Entscheidung, zu der LK 15,11-32 ermuntern will, liegt also in der von Jesus offengelassenen Einladung des Vaters an den älteren Sohn, dem schuldig gewordenen Bruder ebenfalls zu verzeihen. Demnach geht es um die zwischenmenschlichen Konsequenzen der Liebe Gottes, ein Anliegen, das für alle Bereiche der Bibel (Gebote der Nächsten- und Feindesliebe im Pentateuch, in der prophetischen und weisheitlichen Verkündigung) und dann auch für das nachbiblische Judentum ebenso zentral ist wie für das Christentum.

Die für Jesus charakteristische Offenheit für Sünder/innen eignet sich demnach nicht zur pauschalen Disqualifizierung seiner Landsleute damals oder gar "des" Judentums. Solange wir dies tun, verstellen wir uns die eigene Gewissenserforschung nach unserem Umgang mit schuldig gewordenen Mitmenschen. Erfahrungsgemäß haben wir da als praktizierende Christen die gleichen Schwierigkeiten wie viele Fromme in der Umgebung Jesu.

Dementsprechend sind zu Gleichnissen, die Gottes unverdienbare Barmherzigkeit zum Ausgangspunkt haben, die jede menschliche Vorstellung von Gerechtigkeit sprengt (z.B. Mt 20,1-15 oder LK 7, 41, 42a mit der Parallele in Mt 18,23ff.), solche frühjüdischen Texte heranzuziehen, die ebenfalls Vorstellungen vom - in christlicher Terminologie - "Gnadenlohn" und bedingungsloser Vergebungsbereitschaft Gottes zum Inhalt haben.[14]

Zur Herausarbeitung des Jude-Seins Jesu gehört selbstverständlich der Aufweis, daß das "Vaterunser" ein durch und durch jüdisches Gebet ist, zu dessen einzelnen Bitten zahlreiche Parallelen in der Bibel und in nachbiblischer jüdischer Literatur bestehen. Hierher gehört auch die Korrektur eines immer noch weitverbreiteten Irrtums: Bei aller Anerkennung eines besonders innigen Gottesverhältnisses Jesu - mehr läßt sich historisch begründet nicht sagen, "einzigartig" ist eine Kategorie des christlichen Glaubens! - kann die "abba"-Anrede Gottes

[14] Näheres im II. Teil meiner Untersuchung "Jesus und die Sünder" (BET 3), Frankfurt/Bern 1976.

nicht als eine Neuerung Jesu ausgegeben werden. Der hebräische Text von Sir 51,10 beweist das Gegenteil.[15]

2. Jesu Tora-Treue[16]

Der Verzicht auf vertraute Vorstellungen dürfte besonders schwerfallen, wenn wir mit dem Jude-Sein Jesu seine Tora-Treue zu verbinden suchen. Zwar besitzen wir als Katholiken wohl eine weniger gebrochene Beziehung als evangelische Christen zu dem, was wir als "Gesetz" bezeichnen. Dennoch wird unser Jesusbild heute vielleicht gerade auch wegen der Annäherung unter den christlichen Konfessionen stark durch das sich auf Paulus berufende Reden von der "Freiheit vom Gesetz" beeinflußt.

Dementsprechend lassen wir uns beispielsweise im RU durch die sogenannten Antithesen der "Bergpredigt" des Mt dazu verleiten, ein wenigstens gespanntes Verhältnis der Ethik Jesu zu der des damaligen Judentums zu behaupten. Doch abgesehen davon, daß es ziemlich mißverständlich ist, von einer Ethik Jesu zu sprechen, ist "die" jüdische Ethik oder auch allgemein "Lehre" nichts anderes als ein Phantom, das bei uns herumgeistert, weil wir das Judentum gern als monolithischen Block ansehen - natürlich völlig zu Unrecht.

Darüber hinaus gibt der Evangelist vor den Antithesen selbst zu erkennen, daß für ihn die Gebotsauslegungen Jesu zur vollkommenen Erfüllung des in der Tora vorfindlichen Gotteswillens führen (Mt 5,17-19). Deshalb gilt es, anhand (vorhandener!) zeitgenössischer Paralleltexte das jüdische Profil dieser exemplarischen Weisungen herauszuarbeiten.[17] In diesem Bemühen kann uns die Tatsache bestärken, daß in der "Feldrede" Lk 6,27-36 die parallelen Forderungen

[15] Dazu D. Zeller, God as Father in the Proclamation and in the Prayer of Jesus, in: Standing before God. FS J. M. Oesterreicher, ed. by A. Finkel/L. Frizzell, New York 1981, 117-129.

[16] Dazu die Beiträge von K. Müller, G. Dautzenberg und mir in: Das Gesetz im Neuen Testament (QD 108), hg. von K. Kertelge, Freiburg/Basel/Wien 1986.

[17] Vgl. A. Wittstock, Toraliebe im jüdischen Volk. Theologische Grundlegung und Ausarbeitung einer Unterrichtsreihe für Sekundarstufe II (Das Judentum, 2), Institut Kirche und Judentum, Berlin 1981.

nach Feindesliebe und Verzicht auf Vergeltung ohne Antithesenform begegnen und sich Paulus bei den gleichen Weisungen von Röm 12,14 bis 21 nicht auf Jesus, sondern auf die Bibel beruft (Spr 25,21f.).

Unterschiede sind dann dort festzumachen, wo sie wirklich bestehen - nur so können Jesu Weisungen uns wirklich unter die Haut gehen, weil wir dann selbst unsere Defizite und Abwehrmechanismen gegen Gottes Gebote wahrnehmen. Das in Mt 5,21-37 verlangte Bemühen um Versöhnlichkeit, um die Achtung und den Schutz der eigenen und der fremden Ehe, um Wahrhaftigkeit untereinander fällt uns Christen von heute sicher nicht leichter als Jesu Zeitgenossen.

Ebenso steht es beim Verzicht auf Vergeltung - gemeint ist, wie die zweifellos extremen Beispiele Jesu, aber ebenso die Hinweise des Paulus in 1 Kor 6,1-11 verdeutlichen, der Verzicht auf Durchsetzung des uns zustehenden Rechts. Nur von daher läßt sich auch der Grundsatz "Auge um Auge, Zahn um Zahn" sachgemäß würdigen. Denn obwohl er bekanntlich als Beleg für die Behauptung jüdischer Rachegesinnung mißbraucht wird, will er diese gerade ausschließen: Daß die Strafe in einem angemessenen Verhältnis zum Vergehen stehen muß, gilt auch in unserer Rechtsordnung.

Die Frage der Tora-Treue Jesu stellt sich auch bei den sogenannten Sabbatkonflikten. Den verschiedenen Überlieferungen der Evangelien dürfte die Erinnerung daran zugrunde liegen, daß Jesus tatsächlich an Sabbaten Kranke geheilt hat. Nur läßt sich daraus nicht schließen, daß Jesus deswegen grundsätzlich das Sabbatgebot übertreten oder außer Kraft gesetzt hätte. Er nimmt vielmehr eine eigene Position innerhalb der Auslegungsvielfalt im damaligen Judentum ein.[18]

Dies wird deutlich im Vergleich mit Einstellungen, die wir aus der Qumran-Literatur und der pharisäisch-rabbinischen Literatur kennen. Nach CD 11,13-17 ist sogar Lebensrettung am Sabbat verboten. Dagegen vertritt der Talmud den Grundsatz "Lebensgefahr verdrängt den Sabbat" (Mischna Joma 8,6). Damit hält sich der Talmud an die während des Makkabäeraufstandes gefällte Entscheidung (1 Makk 2,41f.).

[18] Vgl. E. Spier, Der Sabbat (Das Judentum, 1), Institut Kirche und Judentum, Berlin 1989 (auch zur Sabbat-/Sonntag-Thematik!).

Nun hat das pharisäisch-rabbinische Judentum eine entsprechende Regelung auch für Tiere getroffen. Die Hinweise darauf bei Mt (12,11f.) und Lk (13,15f.; 14,5) lassen annehmen, daß Jesus den ganz geläufigen Schluß vom Geringeren (dem Tier) zum Größeren (dem Menschen) zog und darum das Heilen von Menschen am Sabbat auch dann als erlaubt ansah, wenn diese sich nicht in Lebensgefahr befanden. Deshalb beinhaltet der Grundsatz Mk 2,27 "Der Sabbat ist um des Menschen willen da, nicht der Mensch um des Sabbats willen", zu dem die rabbinische Literatur ebenfalls eine Parallele enthält, keine prinzipielle, sondern nur eine graduelle Differenz, nämlich in der Frage, welche Ausnahmen vom Sabbatgebot zulässig sind. Wollen wir es dagegen im RU für grundsätzlich aufgehoben erklären?

Ähnliches gilt für die Frage der kultisch-rituellen Gebote. Wir wissen aus den Paulusbriefen (und Apg), welche Auseinandersetzungen im Urchristentum daraus entstanden sind. Aus denselben Quellen wissen wir aber auch, daß sich die Befürworter der Auffassung, die Heidenchristen nicht auf die volle Tora zu verpflichten, auf kein Wort des irdischen Jesus berufen konnten. Dieser war vielmehr, wie Paulus unumwunden zugesteht, "Diener der Beschneidung" (Röm 15,8; vgl. Gal 4,4), also Jude durch und durch.

3. Juden und Judentum im Licht vielfältiger Christusverkündigung

Wie kommt es dann jedoch dazu, daß zwar nicht Mt, aber Mk (7,15 und 19; vgl. Lk 11,41) Jesus alle Speisen für rein und somit die kultisch-rituellen Weisungen der Tora für abgeschafft erklären läßt? Diese Frage beantwortet sich vom unterschiedlichen "Sitz im Leben" unserer Evangelien. In der Gemeinde des Mt spielen Judenchristen und ihre Traditionen (noch) eine wichtige Rolle. Dagegen richtet sich Mk an Heidenchristen. Für ihre Praxis, die sich an die Speise- und Reinheitsgebote der Tora nicht gebunden fühlt, kann die Berechtigung verständlicherweise allein von der Autorität Jesu hergeleitet werden.

Es ist für uns und die Vermittlungsaufgabe im RU gewiß nicht einfach einzuräumen, daß unsere heidenchristliche Lebensweise etwas anderes ist als "jesuanisches Christentum". Allerdings entspränge eine solche Erwartung im letzten einem ungeschichtlichen Denken. Der

Dynamik lebendiger Glaubensentwicklung kann es nicht gerecht werden. Und wenn vom Universalismus des Tenach aus - denken wir an die Erwartung der endzeitlichen Völkerwallfahrt zum Zion - das Hinzukommen von Heiden zur Gemeinschaft der jüdischen Messias-Jesus-Gläubigen den Heilsabsichten Gottes entspricht, dann muß es für diese Heidenchristen grundsätzlich legitime Ausprägungen ihres Christusglaubens geben.

Dabei haben wir allerdings die konkreten Umstände solcher neuen Traditionsbildungen stets mit zu beachten, weil sie sich in diesen Traditionen ausgewirkt haben. Zu den damaligen konkreten Umständen gehört aber ganz wesentlich - wie unsere Evangelien je auf ihre Weise erkennen lassen - der Ablösungsprozeß vom Judentum.

Deshalb verdient F. Mußners Hinweis volle Zustimmung, angesichts der Knappheit der Jesusüberlieferungen in den Evangelien zu bedenken, "ob bei dieser Auswahl nicht auch der Gesichtspunkt der Trennung der Kirche von Israel eine Rolle spielte und mit dem ausgewählten Überlieferungsmaterial der Ablösungsprozeß legitimiert werden sollte. Daraus würden sich die anti(jüdischen) Akzente, die z.T. auf diesem Material und seiner Redaktion liegen, gut erklären."[19]

Ein Musterbeispiel dafür liefert das Pharisäerbild der Evangelien. Hier sind die beiden bereits erwähnten Verfahrensweisen verknüpft, die Besonderheit Jesu sowohl durch Zuspitzung in der Darbietung seiner Botschaft als auch durch Entgegensetzung zu einer Gruppe hervortreten zu lassen. Erkennen wir deshalb an, "daß die Pharisäer zunehmend als die speziellen Gegner Jesu herausgestellt wurden, und zwar im Zusammenhang des zum Teil harten und schwierigen Ablösungsprozesses, der nach Ostern die Kirche und Israel voneinander trennte",[20] dann wird es heute ein zentrales Anliegen des RU sein müssen, den Pharisäern Gerechtigkeit widerfahren zu lassen.[21]

[19] Das Neue Testament als Dokument für den Ablösungsprozeß der Kirche von Israel, in: Die Kraft der Wurzel, Freiburg/Basel/Wien 1987, 164-171, hier 170 Anm. 41.

[20] In der Erklärung der deutschen Bischöfe 1980: s.o. Anm. 4, 276.

[21] Dazu mein Beitrag "Feindbild oder Fairness" 'Die' Pharisäer im katholischen Religionsunterricht", in: Begegnung und Dialog (Ludwigsburger Hochschulschriften, 6), hg. von H. Sproll/G. Stephan, Ludwigsburg 1987, 101-113.

Diese Aufgabe liegt in unserem eigenen Interesse. Denn die Verunglimpfung "der" Pharisäer, die sogar im allgemeinen Sprachgebrauch da ist, stellt eine ständige massive Verletzung des Liebesgebotes der Bibel dar, bei dem wir uns doch so gern auf Jesus berufen.

Leider gibt es immer noch Unterrichtsmaterialien, die die Angriffe auf "die" Pharisäer - und damit indirekt auch auf das Judentum bis heute - sogar über die Polemik der Evangelien hinaus steigern, indem sie sie gegen die alte(n) Passionstradition(en) für die Hinrichtung Jesu verantwortlich machen - historisch ein Unding!

Ein gewisser religionspädagogischer Zwang mag dabei mitspielen. Denn die gegenwärtigen Schwierigkeiten in der Vermittlung der traditionellen Hoheits-Christologie (ver)führen dazu, die Bedeutung Jesu Christi für den Glauben zentral vom Menschen Jesus aus aufzuzeigen ("das Neue des Evangeliums"). Das ist aber einseitig und richtet sich dann gegen den Glauben, wenn so etwas wie historische Beweise für die göttliche Sendung Jesu angestrebt werden.

Solche Schwierigkeiten unsererseits rechtfertigen es aber keineswegs, "die" Pharisäer als Kontrastgruppe zu "unserem" humanen Jesus zu "gesetzesstrengen", das meint: menschenverachtenden, machtbesessenen und mordgierigen Monstern zu verzerren. Die Gefahr von Entartungen braucht gar nicht bestritten zu werden - die bestand und besteht bekanntlich auch bei christlichen Erneuerungsbewegungen. Aber es ist einfach ein Gebot der Fairness, dessen Beachtung wir auch uns gegenüber erwarten, eine Gruppe nicht nach ihren Versagern, sondern nach ihren idealen Repräsentanten zu beurteilen.

Eine Besinnung, die in diese Richtung zielt, könnte sich vom Wort des matthäischen Jesus anregen lassen, das wir über den massiven Angriffen gegen "die Schriftgelehrten und Pharisäer" normalerweise außer Betracht lassen: "Tut und befolgt alles, was sie euch sagen" (23,3a)! Es gibt heute genügend und leicht zugängliche Materialien, mit deren Hilfe wir und unsere Schüler/innen den geistlichen Reichtum des pharisäisch-rabbinischen Judentums in den Sammlungen der talmudischen (und nachtalmudischen) Literatur entdecken können.[22]

Am stärksten belasten das christlich-jüdische Verhältnis die Vorwürfe, die im Neuen Testament nicht allein gegen "die" Pharisäer, sondern gegen das jüdische Volk insgesamt im Zusammenhang mit der Kreuzigung Jesu erhoben werden.[23] Die blutige Wirkungsgeschichte solcher Aussagen konnten die neutestamentlichen Autoren zwar nicht absehen. Wir aber dürfen die Augen davor nicht mehr verschließen.

Die Verantwortung, die uns aus dieser Wirkungsgeschichte zukommt, verlangt eine klare Unterscheidung zwischen den historisch feststellbaren Vorgängen und den Deutungen des Leidens und Sterbens Jesu im Licht des Osterglaubens.[24] Historisch ist Jesu Hinrichtung durch die römische Besatzungsmacht, um einen befürchteten messianischen Aufruhr zuvorzukommen; dabei haben Sadduzäer zum Erweis der Loyalität Jesus festnehmen lassen und den Römern ausgeliefert - die Hinrichtung Johannes des Täufers durch Herodes Antipas ist ebenso politisch verursacht (vgl. Josephus, ant. Iud. 18,116-119).

Der religiösen Deutung der Passion Jesu in den Evangelien liegt zentral das Motiv vom leidenden Gerechten zugrunde (Ps 22 u.a.). Hier beantwortet das gläubige Festhalten an Gott die Frage, die das Leid des Unschuldigen an Gott richtet - dieser Glaube hat im Leiden und Sterben zahlloser Juden und dann auch Christen seine Kraft

[22] Zu den bereits erwähnten vorzüglichen Publikationen aus dem Institut Kirche und Judentum (s.o. Anm. 17f.) sei hier ergänzt: A. Bygott, Wege Israels. Ein Modell für den Religionsunterricht in den Klassen 9-11 (Das Judentum, 3), Berlin 1981. Unter den katholischen Schulbuchautoren hat W. Trutwin lange einsame Pionierarbeit geleistet. - Einen zuverlässigen Zugang zu den Quellen gewährleistet: Der Talmud. Ausgewählt, übersetzt und erklärt von R. Mayer (Goldmann Tb 7571), München (5. neubearbeitete Auflage u.ö.), 1980 (u.ö.).

[23] Dazu R. Kastning-Olmesdahl, Die Juden und der Tod Jesu. Antijüdische Motive in den evangelischen Religionsbüchern für die Grundschule, Neukirchen-Vluyn 1981, und mein Aufsatz "Die Passion und 'die Juden' - Last und Chance der Glaubensvermittlung", in: KatBl 110 (1985) 10-17.

[24] Dazu die Beiträge von J. Gnilka und K. Müller in "Der Prozeß gegen Jesus. Historische Rückfrage und theologische Deutung", hg. von K. Kertelge (QD 112), Freiburg/Basel/Wien 1988.

erwiesen und dürfte gerade auch heute für viele Schüler/innen eine echte Glaubenshilfe bedeuten (Theodizee-Frage!).

Antijüdische Mißtöne verbanden sich mit dieser Deutung auf das Kreuz Jesu erst durch urchristliche Erfahrungen wie die Ablehnung des Messias-Jesus-Glaubens in weiten Teilen des damaligen Judentums und Verfolgungen durch die Römer. Diese Erfahrungen führten zu einer immer stärkeren und letztlich allgemeinen (Joh-Ev: "die" Juden) Schuldzuweisung an die jüdische Seite, der eine immer freundlichere Zeichnung der Pilatusgestalt entsprach.

Daraus ergibt sich für den RU die Notwendigkeit, solchen judenfeindlichen Implikationen der Passionserzählungen zu widerstehen und die Schüler/innen je nach ihren Möglichkeiten dazu zu befähigen, die gültige religiöse Botschaft der Passionsgeschichten von den zeitbedingten, aber eben unerhört wirkungsstarken Einkleidungen - genauer: Verformungen - zu unterscheiden, die tief in unserer Kultur festsitzen (z.B. die Bach-Passionen).

Sätze wie Mt 27,25 oder Joh 19,15 sind sowohl historisch absurd als auch für Juden jedwelcher Richtung damals wie heute blasphemisch. In beiden Evangelien wird damit aber die Vertreibung der Juden aus ihrer heilsgeschichtlichen Würde des von Gott berufenen Volkes als durch sie selbst, nämlich durch die Todfeindschaft gegen Jesus, verschuldet hingestellt.[25]

Diese theologische Exekution des jüdischen Volkes unter Zuhilfenahme des Juden Jesus, die Mk und Lk/Apg je auf ihre Weise ebenso betreiben, hat dann zu einer "Enterbungstheologie" geführt, deren Auswirkungen bekanntlich bis zur physischen Exekution von Juden reichten.[26] Darin ist aber etwa auch die Bestreitung des in der Bibel

[25] Zur Mt-Passion vgl. die Beiträge von I. Broer, H. Gollinger und mir in der von L. Oberlinner und mir hg. FS A. Vögtle, "Salz der Erde - Licht der Welt", Stuttgart 1991.

[26] Zur Gefahr der Verdrängung von Zusammenhängen zwischen christlicher Judenfeindschaft und Shoa im RU s. P. Neuenzeit, Juden und Christen auf neuen Wegen zum Gespräch. Ziele - Themen - Lernprozesse, Würzburg 1990, 29-92.

(unserem Alten Testament!) begründeten Anspruchs des jüdischen Volkes auf das Land Israel (nicht Palästina!) eingeschlossen.[27]

Wir machen uns zu Komplizen solcher judenfeindlicher Theologie und ihrer unmenschlichen Auswirkungen, wenn wir uns im RU damit begnügen, die erwähnten und ähnliche neutestamentliche Texte gleichsam als "objektiv" gültige Aussagen über die Juden und das Verhältnis der Kirche zum Judentum zu vermitteln.

Deshalb kommen wir nicht daran vorbei, die Schüler/innen in den Prozeß der Neubestimmung des Verhältnisses der Kirche(n) zum Judentum hineinzunehmen. Das macht unseren RU sicher nicht einfacher - wir müssen da auf Rückwirkungen auch von Eltern und Pfarrern gefaßt sein. Besonders nahe liegt der Vorbehalt der Verunsicherung im Glauben. Hierbei werden jedoch offensichtlich Vorurteile, die durch jahrhunderte- oder gar jahrtausendealte Traditionen als sakrosankt angesehen werden, mit Glaubensinhalten verwechselt.

Dies zeigt, welche Aufgaben sich der kirchlichen Bildungs- und Erziehungsarbeit auf den verschiedensten Ebenen stellen. Es existiert kein berechtigter Grund, vor diesen Aufgaben auszuweichen.

Heute steht uns ja die Möglichkeit offen, in den kritischen Umgang mit eigenen Traditionen, die vorurteilsbehaftet und/oder -fördernd sind, auch neutestamentliche Aussagen einzubeziehen. Denn die Konzilskonstitution "Dei Verbum" hat kirchenoffiziell anerkannt, daß für das Verständnis der Bibel die literarischen Gattungen, die jeweiligen "Sitze im Leben", die vorgegebenen umweltbedingten Denk-, Sprach- und Erzählformen zu beachten sind (art. 12). Demgegenüber bezieht "Dei Verbum" die Inspiration darauf, daß die Bücher der Bibel "sicher, getreu und ohne Irrtum die Wahrheit lehren, die Gott um unseres Heiles willen in heiligen Schriften aufgezeichnet haben wollte" (art. 11).

Zu den für unser Heil unverzichtbaren Wahrheiten, die uns das Neue Testament bezeugt, gehört aber Judenfeindschaft nicht, kann sie nicht gehören. Wir sägten uns sonst selbst den theologischen Ast ab,

[27] Dazu mein Beitrag "Erez Jisrael im christlichen Verständnis", in: Lernprozesse im Glauben. FS P. Neuenzeit, hg. von W. Fleckenstein und H. Herion (Gießener Schriften zur Theologie und Religionspädagogik, 6), Gießen 1991, 47-61.

auf dem wir sitzen. Paulus hat es uns Heidenchristen in Röm 9 und 11 ins Stammbuch geschrieben. Erst unter dem Eindruck der Shoa - für das jüdische Volk eine physische, für uns Christen und die Kirche(n) aber eine moralische Katastrophe - beginnen wir uns darauf wieder zu besinnen.

Also: Nicht die (Heiden-)Kirche ist "das wahre Israel", sondern einzig und allein das jüdische Volk. Nicht beendet hat Gott seinen Bund mit Israel, um uns den Neuen Bund zu schenken. Vielmehr: Zur Volk-Gottes-Würde Israels dürfen wir uns durch den Glauben an Jesus Christus hinzuberufen sehen. Und: Nur wenn Gott seiner stets wiederholten Bundeszusage an Israel treu bleibt, hat die auf unseren Bundesmittler Jesus Christus gegründete Zuversicht Bestand.

Der Erneuerungsprozeß, den wir hier für uns selbst und für unsere Schüler/innen begonnen haben, ist jeder Mühe wert. Denn er dient zur Wiedergewinnung der Glaubwürdigkeit unseres Christentums. Oder um es mit einem heutigen Bild auszudrücken: Wir müssen den "Giftmüll" der Judenfeindschaft aus dem Haus der Kirche fortschaffen. Dazu ist es sogar nötig, solche (theologischen) Gebäudeteile einzureißen, die aus giftigen Substanzen gebaut sind und uns selbst solange anstecken, wie wir uns darin aufhalten.

Die Arbeit, die wir im RU für die Erneuerung des christlich-jüdischen Verhältnisses tun, ist also ein wesentlicher Dienst an unserem eigenen Glauben, am Glauben der uns anvertrauten Schüler/innen und somit an der Gegenwart und Zukunft der Kirche.

Hubert Frankemölle

DIE ENTSTEHUNG DES CHRISTENTUMS AUS DEM JUDENTUM

Historische, theologische und hermeneutische Aspekte im Kontext von Röm 9-11

Judentum und Christentum sind zwei monotheistische Weltreligionen, wobei das Christentum als die jüngere aus dem Judentum als Mutterreligion hervorgegangen ist. Dies ist eine religionswissenschaftlich banale Feststellung, auch wenn die Erfahrung von gelebter jüdischer Religiosität mehrheitlich den Christen in Deutschland abhanden gekommen ist aufgrund der Zerstörung jüdischer Gotteshäuser, nicht zuletzt aufgrund der Deportationen jüdischer Mitbürger und aufgrund der planmäßig betriebenen Vernichtung des jüdischen Volkes durch die politiktragenden Gruppen des deutschen Volkes - unter dem fast ausnahmslosen Schweigen der christlichen Kirchen. Darüber ist hier nicht zu handeln, auch nicht über den epochalen Lernprozeß von Christen und christlichen Kirchen nach dem und aufgrund des Holocaust. Es bleibt jedoch zu fragen, ob die Israel-Vergessenheit der Christen in der NS-Zeit bewußt oder unbewußt mit jenem schmerzlichen Prozeß der Entstehung und der Abgrenzung des Christentums aus dem und vom Judentum zu tun hat. Wie läßt sich überhaupt ein solches Schisma verstehen, falls dies im historischen Nachvollzug möglich ist?

Geschichte wiederholt sich nicht. Dennoch können vielleicht zwei Zitate aus der Literatur zum Kirchenschisma zwischen der abendländischen und der morgenländischen Kirche aus dem Jahre 1054 die ganze Komplexität der Frage, um die es geht, andeuten. "Abendland und Morgenland waren um die Mitte des 11.Jh. in disziplinärer, politischer, kultureller und theologischer Hinsicht schon so sehr eigene Wege gegangen, daß sie sich weder unter dem Druck politischer Notwendigkeiten noch im Interesse einer kirchlichen Union auf einen gemeinsamen Weg zurückführen ließen."[1] "Schon längst hatten sich das griechisch-orientalische und das lateinisch-abendländische Denken auseinanderentwickelt. Die Gegensätze waren liturgischer, disziplinärer, kirchenpolitischer und dogmatischer Art."[2] Trotz aller Unvergleichlichkeit sind Strukturparallelen zur Trennung von Judentum und Christentum nicht zu übersehen. Griechisch und Latein als Sprachen mit ihren je unterschiedlichen philosophischen und religiösen Vorstellungen, unterschiedliche dogmatische Entwicklungen, eigenständige Frömmigkeitsformen in Liturgie und Disziplin, nicht zuletzt auch die unterschiedlichen politischen Voraussetzungen als Lebenskontext aller Beteiligten machten das Schisma von 1054 zwar nicht evolutiv notwendig, in der Sicht der Historiker jedoch ursächlich erklärbar.

Hinter den beiden Zitaten stehen klare Geschichtsdeutungen. Befragt man die gleichen Autoren nach dem Schisma zwischen Judentum und Christentum, muß man feststellen, daß der erstere zwar die Stichworte Judenchristentum, Judenverfolgungen und Urchristentum kennt, in denen die jahrzehntelange Entfremdungs-Geschichte zwischen Judentum und Christentum am Anfang jedoch nicht vorkommt. Der zweite betont die Kirchenstiftung durch den historischen Jesus, womit die Frage nach möglichen Wurzeln der Kirche im Gottesvolk Israel sich zu erübrigen scheint.[3] Beide Texte sind verengt innerchristlich angelegt, was keineswegs atypisch ist.

In Einleitungen zum Neuen Testament, in Darstellungen zur Geschichte des Urchristentums und zur älteren Kirchengeschichte ist diese Einstellung bis zum Ende der 70er Jahre durchaus symptomatisch. Erst im Verlauf der 80er Jahre werden Bücher veröffentlicht, in denen versucht wird, geschichtliche Zusammenhänge, gesellschaftliche Entwicklungen und Inhalte der Texte aufeinander zu beziehen. So liegt im Bereich des Neuen Testaments erst mit dem

1 C.Andresen - G. Denzler, dtv-Wörterbuch der Kirchengeschichte, München 1982, 414 im Artikel "Morgenländisches Kirchenschisma".

2 A.Franzen, Kleine Kirchengeschichte, Freiburg 1965, 186.

3 Vgl. hingegen N.Brox, Kirchengeschichte des Altertums, Düsseldorf 1983, 12ff: "Das Urchristentum im Judentum".

Buch von Ludger Schenke, "Die Urgemeinde. Geschichtliche und theologische Entwicklung", Stuttgart 1990, ein wirklich empfehlenswertes Lernbuch vor, in dem "die Ereignis-, die Sozial- und die Überlieferungsgeschichte der Urgemeinde aufeinander" bezogen dargestellt wird.[4]

Kein Schisma läßt sich - wie teils in Lehrbüchern üblich - auf einen historischen Punkt reduzieren. Dies gilt auch für das Verhältnis von Judentum und Christentum hinsichtlich der sogenannten Synode von Jamnia bzw. Jabne im Jahre 95 n.Chr., die - nimmt man das Wort ernst - nie stattgefunden hat.[5] Mit Recht bezeichnen Judaisten die Periode zwischen der Zerstörung des Tempels in Jerusalem im Jahre 70 und dem Bar-Kochba-Aufstand in den Jahren 132-135 als die Zeit von Jabne. In diesen Jahrzehnten war Jabne in der Tat das Zentrum des rabbinischen Judentums, der Sanhedrin wurde unter Jochanan ben Zakkaj und dann unter dem Patriarchen Gamaliel II. neu konstituiert mit der Folge, daß sich das pharisäisch orientierte Judentum immer stärker als normativ und daher seine Halacha in Schrift und Tradition als verbindlich für alle jüdischen Gruppen verstand.

Die Entstehung des Christentums aus dem Judentum wie auch die Abgrenzung des Judentums vom Christentum und umgekehrt ist ein langer Prozeß, in dem viele Faktoren eine Rolle gespielt haben. Damit die Vielschichtigkeit der Fragestellung deutlich, jede Art von Engführung von vornherein abgebogen wird, sei einleitend festgehalten, daß der Glaube an Jesus als den bereits gekommenen Messias und Christus nicht konfessionstrennend war. "Die Messiasfrage hätte nicht unbedingt zu einem innerjüdischen Streit führen müssen. Das jüdische Volk hat schon öfter Messiasprätendenten gesehen und geduldig auf das Endergebnis des Wirkens solcher Leute gewartet."[6] Auch wenn die Messianologie und Christologie der frühchristlichen Gemeinden

4 Schenke, aaO. 9.

5 Vgl. etwa G.Stemberger, Jabne und der Kanon, in: Jahrbuch für Biblische Theologie. 3. Zum Problem des biblischen Kanons, Neukirchen 1988, 163-174, ebd. 163 Anm. 4 weiterführende Literatur.

6 G.Stemberger, Das klassische Judentum. Kultur und Geschichte der rabbinischen Zeit, München 1979, 199. Vgl. auch Apg 5,34-42.

deutlich neue Akzente hatte, bleibt religionswissenschaftlich nüchtern festzustellen, daß wir Christen kein Monopol auf Christologie haben, da das vielgestaltige Judentum in sehr unterschiedlicher Weise einen Messias/Christos erwartete, manchmal auch zwei, zum anderen aber auch seine Hoffnungen ohne die Gestalt eines Messias artikulieren konnte.[7]

Welche Faktoren waren es im 1. Jahrhundert, die zunächst das Miteinander von Judentum und Christentum, dann das Gegeneinander innerhalb des Judentums und schließlich das Schisma zwischen Judentum und Christentum begründeten und verursachten? Wie bei der Trennung zwischen der römisch-katholischen und den byzantinischen Kirchen 1054 sind auch beim Prozeß der Entstehung des Christentums aus dem Judentum politische, soziokulturelle (hier vor allem sprachliche) und glaubensgeschichtliche Faktoren zu nennen, aber auch im weitesten Sinn ideologische, wodurch der heutige Ausleger und Rezipient sich als wichtiger Faktor der gesamten Fragestellung erweist.

Wie anders ist es zu erklären, daß die Vorurteile in Deutschland im christlich-jüdischen Gespräch zu den anstehenden Fragen sehr viel hartnäckiger und auch in zeitlicher Hinsicht resistenter sind als etwa in den USA?[8] Müssen denn - um nur ein Beispiel zu nennen -

[7] Zum unterschiedlichen christlich-jüdischen Verständnis des Begriffes "Messias/Christos" vgl. den Artikel im verdienstvollen Lexikon von J.J.Petuchowski - C.Thoma, Lexikon der jüdisch-christlichen Begegnung, Freiburg 1989, 238-243; zu einem Überblick über die frühjüdischen Erwartungen vgl. Schenke, aaO. 123-146.

[8] Zum dortigen Gespräch vgl. etwa J.J.Petuchowski (Hrsg.), When Jews and Christians meet, New York 1988; J.H.Charlesworth (Hrsg.), Jews and Christians. Exploring the Past, Present und Future, New York 1990; L.Swidler, Der umstrittene Jesus, Stuttgart 1991 mit jeweils weiterführender Literatur. Wenn P.Lapide im Vorwort der lesenswerten frühjüdischen Jesusdeutung des katholischen Neutestamentlers Swidler schreibt: "Den Christen sei ihr Credo vom 'wahren Gott und wahren Menschen' natürlich unbenommen. Das Anliegen eines jüdischen Theologen jedoch ist der wahre Mensch Jesus; also: eine historisch bedingte Jesuologie" (aaO. 5), gibt er sich, wenn er sich denn als Theologe versteht, auf und verdrängt - wie bei ihm üblich - das gesamte hellenistische Frühjudentum als elementare Voraussetzung neutestamentlichen Denkens.

christliche Theologen immer noch die Kirche zwar nicht als "ein neues Israel", wohl aber als "das eigentliche, wahre Israel, wie es Gott sich von Anfang an gedacht hat"[9], verstehen? Wie stark der Rezipient als hermeneutischer Faktor der Auslegung bei historischen Texten die Ergebnisse bestimmt, zeigt sich etwa auch bei der Auslegung des Blutsrufes "des ganzen Volkes" in Mt 27,25. Aus Gründen einer vorausgesetzten christlich-universalen Soteriologie oder auch motiviert durch den jüdisch-christlichen Dialog wird das Blut Jesu "als Erlöserblut", das auch "über die Kinder Israels kommt", verstanden.[10]

Nachneutestamentliche dogmengeschichtliche Denkmodelle sind für Christen als hermeneutische Brille ebenso unangemessen wie jüdischerseits die rabbinische Normierung der Theologie nach der nationalen Katastrophe der Zerstörung Jerusalems und des Tempels im Jahre 70. Wer einen späteren Glaubensstand oder seinen eigenen aktuellen zur Norm für andere erhebt, frühere Erscheinungsformen des Judentums und Christentums, die nicht in der weiteren Entwicklung rezipiert wurden, nicht als authentische Glaubensmöglichkeiten anerkennt, für den erübrigt sich jedes Gespräch über das Verhältnis von Judentum und Christentum um die Zeitenwende. "Das ist aber

[9] Vgl. H.Hübner, Israel. III NT, in: TRE 16 (1987) 383-389, ebd. 385f zum Matthäusevangelium mit einem Zitat von W.Trilling, Das wahre Israel, München 31964, 96. Zu einer anderen Deutung vgl. H.Frankemölle, Jahwe-Bund und Kirche Christi. Studien zur Form- und Traditionsgeschichte des "Evangeliums" nach Matthäus, Münster 1974, 21984, 21-27.123-143.257-262.305-307, wonach Matthäus sehr bewußt wohl von der "Kirche" Jesu, vom Volk Jesu, aber nicht von der Kirche als wahrem Israel spricht.

[10] So F.Mußner, Traktat über die Juden, MÜnchen 1979, 310. Vor ihm schon ähnlich dezidiert K.H.Schelkle, Die "Selbstverfluchung" Israels nach Matthäus 27,23-25, in: W.Eckert u.a. (Hrsg.), Antijudaismus im Neuen Testament? München 1967, 148-156, ebd. 156: "Das Blut Christi ist nicht Unheil, sondern Gnade und Segen". In dieser Tradition steht auch H.Halbfas, Wurzelwerk. Geschichtliche Dimensionen der Religionsdidaktik, Düsseldorf 1989, 116, der mit Zitaten von Mußner auf Hebr 2,24 und Lk 23,24 hinweist und eine momolithische Soteriologie des NTs als Einheit voraussetzt. Zur eigenen Auslegung vgl. Frankemölle, Jahwe-Bund 204-211. Zur Notwendigkeit, auch unbequeme Texte - etwa auch Mt 23 - historisch-kritisch zu lesen, vgl. ders., Biblische Handlungsanweisungen. Beispiele pragmatischer Exegese, Mainz 1983, 133-190.

mehr, als man von einem gewöhnlichen Juden ... erwarten kann"[11], wohl auch von einem gewöhnlichen Christen. Gemeint ist die Anerkennung des vielgestaltigen Judentums zur Zeit Jesu und des Paulus, wobei vor allem das griechischsprachige Judentum der Diaspora und des Mutterlandes Palästina zu nennen ist, ohne dessen Denkmodelle die griechischsprachigen Judenchristen und Heidenchristen ihren Glauben an Gott in Jesus Christus nicht hätten denken und sprachlich artikulieren können. Dies ist kein "Weg vom charismatischen Vollmachtsbewußtsein Jesu zum Glauben an den erhöhten Christus"[12], sondern ein genuin eigener Denkansatz von griechischsprachigen Juden, der nicht erfahrungstheologisch von Jesus zu Gott hin denkt, sondern vom Glauben an Gott ausgeht und dessen schöpferische Deszendenzen zur Welt, zu den Menschen und zu Jesus reflektiert. Es geht also nicht an, eine "Christologie von unten" gegen eine "Christologie von oben" auszuspielen, vielmehr sind beide Zugangswege als gleichberechtigt nebeneinander zu akzeptieren. Selbstverständlich interpretierten Menschen, die an Gottes Handeln in der Geschichte und durch Menschen glaubten, auch ihre Erfahrungen mit Jesus von diesem Glauben her.[13] Es ist daher eine verengte Sicht

[11] So J.J.Petuchowski in einem Brief vom 13.12.90 zum historisch-kritischen Ansatz des Verfassers in einigen Veröffentlichungen, den er "als Religionswissenschaftler" aber durchaus teilt.

[12] So G.Theißen, Zur Entstehung des Christentums aus dem Judentum, in: Kirche und Israel 3(1988) 179-189, ebd. 187; vgl. auch 183.

[13] Zur falschen Alternative "von oben" bzw. "von unten" vgl. nur H.Frankemölle, Jesus - Anspruch und Deutungen, Mainz 21986, 33-57. Anders geht immer noch H.Küng, Das Judentum, München 1991, 377-424 einseitig "von unten" aus; vgl. ebd. 382; begründet dürfte dies auch darin sein, daß er hellenistische Denkkategorien erst für die Urgemeinde in Jerusalem thematisiert; vgl. ebd. 427ff. Eine Darstellung der Bedeutung des hellenistischen Judentums als Voraussetzung für griechischsprechende, christusgläubige Juden fehlt in diesem ansonsten das Judentum als Heilsweg neben dem Christentum ernstnehmenden Buch; im Gegenteil werden sogar 400 Jahre hellenistisch geprägter jüdischer Glaubenserfahrungen so charakterisiert: "Aber all diese Bemühungen blieben letztlich Episode" (155), wonach also das normative Judentum, das überlebte, letztlich zum religionswissenschaftlichen Maßstab in Glaubensfragen gemacht wird.

zu formulieren: "Das ganze Christentum ist 'implizit' im Judentum angelegt - nämlich in dem Juden Jesus von Nazareth. Und was sich nicht als Entfaltung dessen ausweisen kann, ist problematisch."[14] Hier wird noch einmal - diesmal christlicherseits - das aramäischsprachige Judentum Jesu und eine Jesulogie zum normierenden Maßstab für griechischsprachige jüdische Menschen gemacht, die von Anfang nicht anders als mit ihren griechisch und biblisch geprägten Denkkategorien versuchten, Gottes neues Handeln in Jesus zu verbalisieren.

Das zu verhandelnde Thema ist also nicht nur sehr weit, sondern auch mit hermeneutischen Problemen zur richtigen Auslegung, näherhin auch zu textlichen, historischen und theologiegeschichtlichen Aspekten belastet. Historisch ist von den vielfältigen Lebensbedingungen im Judentum vor dem Auftreten Jesu von Nazareth auszugehen und zu fragen, aus welchen historischen und theologischen Gründen sich überhaupt innerjüdische Erneuerungsbewegungen bildeten, wovon die des Jesus von Nazareth eine unter anderen war, und warum aus der innerjüdischen Erneuerungsbewegung Jesu immer mehr aufgrund welcher Bedingungen und Merkmale eine immer eindeutigere eigene religiöse Gruppe mit eigener Identität - bei allen sprachlichen und glaubensmäßigen Unterschieden! - wurde und warum sich schließlich daraus eine schismatische eigene Glaubensbewegung parallel zum Judentum entwickelte. Bei all diesen Fragen ist das Vorverständnis und das Vor-Urteil des Exegeten und Historikers zu reflektieren, da auch Wissenschaftler keineswegs davon frei sind. Auch die Kirchen und Religionen nicht. Da in diesem Punkt sich zwischen den offiziellen Verlautbarungen der Kirchen im christlich-jüdischen Dialog seit 1945[15] und Stellungnahmen von Exegeten vor allem in Deutschland Widersprüche zeigen, soll in einem ersten Punkt das gegenwärtige Sprechen von Israel als hermeneutische Anfrage anhand der Paulus-Exegese und der Rezeption paulinischer Stellen in offiziellen

14 Theißen, aaO. 188.

15 Vgl. die Sammlung der Dokumente von R.Rendtorff - H.H.Henrix (Hrsg.), Die Kirchen und das Judentum. Dokumente von 1945 - 1985, Paderborn - MÜnchen 1988.

Erklärungen der Kirchen skizziert werden (1.). Dann sollen (2.) die historischen und soziokulturellen Bedingungen der religiösen Erfahrungen im Frühjudentum zur Zeitenwende angedeutet werden und schließlich (3.) mittels zentraler Stellen aus dem Römerbrief eine heute mögliche Israel- und Kirchen-Theologie angedeutet werden.

1. Gegenwärtiges Sprechen von Israel als hermeneutische Anfrage

Wie akademisch man bis in unsere Zeit im Elfenbeinturm - unter Verdrängung der Existenz der jüdischen Gläubigen heute - , eingekerkert in einem einseitigen Kirchenzentrismus formulieren kann, belegt das Buch "Geschichte Israels" von Martin Noth, das als Standardwerk die Geschichtsvorstellung eines jeden Studenten der Theologie nachhaltig prägte, wie ich aus eigener Anschauung bestätigen kann: "Jesus selbst mit seinem Wort und Werk gehörte nicht mehr zur Geschichte Israels. An ihm fand die Geschichte Israels vielmehr ihr eigentliches Ende".[16] Christlich selbstherrlich beendet auch H.Donner die Geschichte Israels mit der hebräisch-aramäischen Phase, indem er die hellenistischen Glaubens-Interpretationen nicht mehr als zu Israel gehörtig anerkennt, da nach ihm "dies alles nicht mehr zur Thematik einer Geschichte des Volkes Israel gehört".[17] Ähnlich formulierten 13 Bonner evangelische Theologen gegen den zu Recht vielbeachteten "Synodalbeschluß zur Erneuerung des Verhältnisses von Christen und Juden" der Landessynode der Evangelischen Kirche im Rheinland vom 11. Januar 1980. Diese hatte generalisierend und grundsätzlich vom "jüdischen Volk als Volk Gottes" gesprochen und erklärt: "Wir glauben die bleibende Erwählung des jüdischen Volkes als Gottes Volk und erkennen, daß die Kirche durch Jesus

[16] M.Noth, Geschichte Israels, Göttingen 71969, 386; vgl. 400; auch in der neuesten Auflage 101986 blieb der Text unverändert.

[17] H.Donner, Geschichte des Volkes Israel und seiner Nachbarn in Grundzügen I - II, Göttingen 1984-86, ebd. II 439; ab jetzt gibt es nur mehr "Judentum", "neues Israel" (440).

Christus in den Bund Gottes mit seinem Volk hineingenommen ist"[18]. Dies nennen die Professoren eine "verwirrende bzw. nicht differenzierende Terminologie", die "eine inhaltliche Konfusion zur Folge" habe, denn "als Träger der Verheißung bzw. als auserwähltes Volk können gleichermaßen angesehen werden: das alttestamentliche Israel; das Israel-nach-dem-Fleisch post Christum natum; Juden, die Christus verwerfen; Tora-Juden; die Juden im rechtlichen Sinne und im Sinne der israelischen Gesetzgebung gemäß Halacha (b Kid 68b), also Personen, die eine jüdische Mutter haben."[19] Abgesehen davon, daß direkt vorher auch der antisemitische Begriff "Talmud-Judentum" zur weiteren Differenzierung eingeführt wird, fehlt erstaunlicherweise gerade das von Paulus in Röm 9,4-5 emphatisch betonte Israel mit den auch in der Gegenwart noch andauernden und bleibenden Heilsprärogativen ("sie sind Israeliten ..."). Erich Gräßer, einer der Unterzeichner, knüpft noch einmal ausführlich an die Erklärung der Rheinischen Landessynode an[20] und beendet seine Aussagen zur Ekklesiologie mit dem Satz, "daß von einer 'gottgewollten und durch die Zeiten dauernden Sonderexistenz Israels neben der Kirche' ... neutestamentlich nicht die Rede sein kann".

[18] Zitiert nach Rendtorff - Henrix 594.

[19] Zitiert nach epd Dokumentation 42/1980, 14-17, ebd. 14. Zum jüdisch-christlichen Gespräch in der evangelischen Kirche vgl. R. Rendtorff, Hat denn Gott sein Volk verstoßen? Die evangelische Kirche und das Judentum seit 1945. Ein Kommentar, München 1989; zum Beschluß der Rheinischen Kirche von 1980 ebd. 71-89; zu seiner Kritik an der Kritik der Professoren vgl. ebd. 74 Anm. 46 und bes. 82 Anm. 65. Vgl. auch Frankemölle, Friede zwischen Juden und Heiden? Eph 2,14 und der gegenwärtige Unfriede im christlich-jüdischen Gespräch, in: ders., Friede und Schwert. Frieden schaffen nach dem Neuen Testament, Mainz 1983, 144-165.

[20] E. Gräßer, Zwei Heilswege? Zum theologischen Verständnis von Israel und Kirche, in: Kontinuität und Einheit. FS F. Mußner, Freiburg 1981, 411-429, ebd. 419 Anm. 24; zum Zitat 422 in überzogener Kritik am Buch des Geehrten "Traktat über die Juden", München 1979, der ebd. 57-61 wohl vom "Sonderweg" Israels, seiner Errettung durch den Parusiechristus redet, nicht jedoch von zwei Heilswegen. Vgl. die kritische Reaktion von F. Mußner, in: ders., Dieses Geschlecht wird nicht vergehen. Judentum und Kirche, Freiburg 1991, 29-38.

Nicht weniger folgenreich ist der semantisch bei Neutestamentlern unaufgearbeitete Begriff "Gesetz" mit der ständig zu lesenden These, das Judentum habe das Gesetz pervertiert, Jesus habe es abgeschafft bzw. erfüllt[21]. Vielleicht noch wichtiger für die anstehende Thematik ist der in der neutestamentlichen Wissenschaft semantisch nebelhafte Begriff "Antijudaismus".[22] Ist jede Polemik gegen bestimmte Personen und Gruppen in Israel sowie jede Kritik an Israel Antijudaismus? Kann man die "antijüdischen Spitzen" etwa des Matthäusevangeliums mit der Botschaft Jesu selbst in Verbindung bringen mit Worten wie: "Aber die Keimzelle dieser Theologie liegt m.E. bei Jesus selbst"? Jesus selbst ein Antijudaist!? Hier ist Sprachklärung und Sprachreinigung dringend notwendig, zumal wenn sie mit dem Eingeständnis einhergeht, daß "wir uns mit der Trennung von Kirche und Israel abgefunden haben oder sie gar als Heidenchristen gar nicht schmerzhaft empfinden müssen".[23] Identifiziert man den Begriff "Antijudaismus" mit jeder Art von Kritik (womit die gesamte Begriffsgeschichte bis ins 20. Jahrhundert ausgeblendet würde), wird man "fragen können, ob z.B. Flavius Josephus, der die Ereignisse des Jahres 70 als Gericht Gottes am ganzen jüdischen Volk deutete, nicht mit gleichem Recht als Antijudaist zu bezeichnen wäre. Da man bei fast jeder Gruppierung im Frühjudentum die Selbsteinschätzung finden kann, daß die jeweilige Gruppe allein den Willen Gottes kennt und sein Gesetz erfüllt, so daß den übrigen Juden nur die Bekehrung oder das

[21] Zu einer Neuorientierung vgl. etwa K.Kertelge (Hrsg.), Das Gesetz im Neuen Testament, Freiburg 1986 und ebd. den eigenen Beitrag: Gesetz im Jakobusbrief. Zur Tradition, kontextuellen Verwendung und Rezeption eines belasteten Begriffes, aaO. 175-221; zum frühjüdisch-frühchristlichen Verständnis und zum Vorurteil von Exegeten ebd. 180-198.

[22] Aus neuester Zeit vgl. etwa die unterschiedlichen Bestimmungen von Petuchowski - Thoma, Lexikon 16-21; I.Broer, Antijudaismus, in: NBL 1(1991) 113-115; G.Theißen, Aporien im Umgang mit den Antijudaismen des Neuen Testaments, in: Die Hebräische Bibel und ihre zweifache Nachgeschichte. FS R.Rendtorff, Neukirchen 1990, 535-553.

[23] So U.Luz, Jesus der Menschensohn zwischen Juden und Christen, in: Israel und die Kirche heute. Beiträge zum christlich-jüdischen Dialog. FS E.L.Ehrlich, Freiburg 1991, 212-223, ebd. 223.

sichere Gericht bleibt, wäre es bei der weitgehenden Definition des Begriffes möglich, Antijudaismus als typisches Kennzeichen des Frühjudentums zu benennen. Faßt man den Begriff so umfassend, wird er zugleich zu allgemein, um überhaupt noch zur Kennzeichnung historischer Sachverhalte herangezogen zu werden."[24] Was hier zu den Begriffen "Gesetz" und "Antijudaismus" gesagt wurde, gilt auch für die Wendungen "Altes Testament", "Neuer Bund", für die Typologie "Verheißung - Erfüllung" usw. Notwendig ist eine Begriffsklärung auch beim Begriff "Universalismus" bzw. "universalistisch". Kann dieser Begriff etwa für das Matthäusevangelium noch zutreffend sein, wenn man Israel aus der Mission der Jünger ausschließt?[25] Viele Begriffe sind semantisch vorbelastet, da sie einseitig aus christlicher Perspektive verstanden werden, also antijüdisch geprägt sind. Begriffsklärungen sind dringend erforderlich, da durch Begriffe Identität zugesprochen bzw. abgesprochen wird.

Trotz solcher Irritationen im wissenschaftlichen Bereich - und dies gerade im deutschsprachigen Raum - ist in den vergangenen Jahrzehnten ein gewaltiger Lernprozeß - nicht zuletzt motiviert durch die Ereignisse der Schoah auf allen offiziellen und inoffiziellen Ebenen der Kirchen national und international in Arbeitskreisen, Synoden und Bischofskonferenzen, aber auch im Judentum in Gang gekommen, wovon zahlreiche Dokumente seit 1945 zeugen.[26] Die Religionspäd-

[24] So zu Recht R.Kampling, Israel unter dem Anspruch des Messias. Studien zur Darstellung der Israelproblematik im Markusevangelium, masch.schriftl. Habilitation, Münster 1991, 253, der ebd. 252-255 die unpräzise Verwendung von "Judaismus" in der Literatur kritisiert.

[25] So Luz, Jesus der Menschensohn 212 Anm. 5 und 215; zur Begründung, daß bei den "Völkern" im Matthäusevangelium Israel mitgemeint ist, vgl. Frankemölle, Jahwe-Bund 108-123, bes. 119-123.

[26] Vgl. oben die in Anm. 15 genannte Dokumentensammlung von Rendtorff und Henrix. Vgl. weiter K.Richter (Hrsg.), Die katholische Kirche und das Judentum. Dokumente von 1945 - 1982, Freiburg 1982; A.Brockway - R.Rendtorff (Hrsg.), The Theology of the churches and the jewish people. Statements by the World Council of Churches and its member churches, Genf 1988; W.Wirth, Solidarität der Kirche mit Israel. Die theologische Neubestimmung des Verhältnisses der Kirche zum Judentum nach 1945 anhand der offiziellen Verlautbarungen, Frankfurt

agogik nahm fundamental teil an diesem Lernprozeß, wirkte auch innovativ, wie etwa die empirischen Forschungsüberblicke von Peter Fiedler zum "Das Judentum im katholischen Religionsunterricht. Analysen, Bewertungen, Perspektiven", Düsseldorf 1980, oder von Ursula Reck, "Das Judentum im katholischen Religionsunterricht. Wandel und Neuentwicklung", Freiburg 1990, dokumentieren. Grundlegend im religionspädagogischen Bereich der katholischen Theologie war das Forschungsprojekt "Judentum im katholischen Religionsunterricht", das von 1977 - 1982 an der Universität Freiburg unter Leitung von Günter Biemer durchgeführt wurde.[27] Aus dem Schulbuchbereich sei exemplarisch hingewiesen auf das Kapitel "Das Judentum - Gottes Minderheit" in "Wege des Glaubens" in der Auflage von 1979 und in der Neuausgabe von 1988 oder auf die regionalgeschichtliche Didaktik von Hubertus Halbfas im "Religionsbuch für das 5./6. Schuljahr" sowie in seinem Buch "Wurzelwerk. Geschichtliche Dimensionen der Religionsdidaktik".[28]

Von kirchenoffizieller Seite sei an die bedeutsame, nicht genug beachtete Erklärung von Papst Johannes Paul II. vor der Rabbinerkonferenz und dem Zentralrat der Juden in Deutschland am 17.

1987. Zur evangelischen Kirche vgl. das in Anm.2 genannte Buch von Rendtorff. Zur "Heimholung" Jesu ins Judentum vgl. den kritischen Literaturüberblick von W.Vogler, Jüdische Jesusinterpretationen in christlicher Sicht, Weimar 1988; zu jüdischen und zu jüdisch-christlichen Verlautbarungen vgl. Rendtorff - Henrix, aaO. 623-706; besonders ist hinzuweisen auf das verdienstvolle jüdisch-christliche Gemeinschaftswerk von J.J.Petuchowski - C.Thoma, Lexikon der jüdisch-christlichen Begegnung, Freiburg 1989.

27 Vgl. G.Biemer u.a., Was Juden und Judentum für Christen bedeuten. Eine neue Verhältnisbesinnung zwischen Christen und Juden. Lehr-Lerneinheiten für die Sekundarstufen, Freiburg 1984; P.Fiedler u.a. (Hrsg.), Lernprozeß Christen Juden. Ein Lesebuch, Freiburg 1984. Zusammenfassend: St.Leimgruber, Von der Verketzerung zum Dialog. Darstellung und Behandlung der Juden im christlichen Religionsunterricht, in: ZKTh 112(1990) 288-303.

28 W.Trutwin - K.Breuning, Wege des Glaubens. Unterrichtswerk für den katholischen Religionsunterricht der Jahrgangsstufen 7/8, Düsseldorf 1979, Neuausgabe 1988; H.Halbfas, Religionsbuch für das 5. Schuljahr, Düsseldorf 1989, 39-64; ders., Wurzelwerk. Geschichtliche Dimensionen der Religionsdidaktik, Düsseldorf 1989, 77-137.

November 1980 in Mainz erinnert. Die bibeltheologische Begründung für die "Begegnung zwischen den heutigen christlichen Kirchen und dem heutigen Volk des mit Mose geschlossenen Bundes" und ihrer gemeinsamen Aufgaben für die Welt versteht der Papst als "Begegnung zwischen dem Gottesvolk des von Gott nie gekündigten Alten Bundes und dem des Neuen Bundes" - dies in ausdrücklicher Berufung auf Röm 11,29: "Denn unwiderruflich sind die Gnadengaben und die Berufung durch Gott".[29] Erinnert sei ferner an die Ansprache des Papstes anläßlich des ersten Besuches in der Hauptsynagoge von Rom am 13. April 1986, näherhin an das vielzitierte Wort: "Die jüdische Religion ist für uns nicht etwas 'Äußerliches', sondern gehört in gewisser Weise zum 'Inneren' unserer Religion. Zu ihr haben wir somit Beziehungen wie zu keiner anderen Religion. Ihr seid unsere bevorzugten Brüder und, so könnte man gewissermaßen sagen, unsere älteren Brüder".[30] Auch die deutschen katholischen Bischöfe sprechen in ihrer "Erklärung über das Verhältnis der Kirche zum Judentum" von April 1980 davon, daß trotz der Trennung der Kirche von Israel "doch die Heilsbedeutung Israels und die Heilszusage Gottes an Israel bestehen (bleiben)".[31]

Trotz aller Erklärungen, deren theologischer und sozialpsychologischer Wert nicht hoch genug veranschlagt werden können, bleibt mit dem Papst in aller Nüchternheit festzustellen, "daß der eingeschlagene Weg noch an den Anfängen steht".[32] Es geht nicht nur darum, jede Form des Vorurteils gegenüber dem andern zu überwinden, sondern auch eine unzweideutige eigene Identität zu haben, die der Papst in seiner Ansprache von 1986 für alle am Dialog Beteiligten als Voraussetzung des Dialoges für den katholischen Glauben so umschreibt: "Niemandem entgeht, daß der anfängliche grundsätzliche Unterschied in der Zustimmung der Katholiken zur Person und zur

[29] Zum Text vgl. Rendtorff - Henrix 75f.

[30] Ebd. 109.

[31] Ebd. 277. Exakt kann die kath. Kirche natürlich nur vom Verhältnis der kath. Kirche zum Judentum sprechen, noch genauer sprechen nur die deutschen katholischen Bischöfe. Ist dies nur eine Unachtsamkeit?

[32] Ebd. 109.

Lehre Jesu von Nazaret besteht, der ein Sohn eures Volkes ist ... Aber diese Zustimmung gehört dem Bereich des Glaubens an, das heiβt der freien Zustimmung der Vernunft und des Herzens, die vom Geist geleitet werden. Sie darf niemals in dem einen oder anderen Sinn zum Gegenstand von äuβerem Druck werden. Das ist der Grund dafür, warum wir bereit sind, den Dialog unter uns in Loyalität und Freundschaft sowie in der Achtung vor den inneren Überzeugungen der einen und der anderen zu vertiefen." Vielleicht etwas zu optimistisch heiβt es dann hinsichtlich eventueller Probleme: "Es bleiben zwischen uns vielleicht noch Schwierigkeiten praktischer Natur, die auf der Ebene der brüderlichen Beziehungen auf ihre Überwindung warten"[33].

Überblickt man diese und andere offizielle Verlautbarungen aus der evangelischen und katholischen Kirche zum christlich-jüdischen Gespräch, die durchgehend von der Grundaussage ausgehen, daβ Gott seinen Bund mit Israel nicht gekündigt hat[34], sind der Streit in der neutestamentlichen Wissenschaft und die sich unschuldig gebende, rein historische Behandlung des Verhältnisses von Judentum und Christentum etwa im 1.Jh.n.Chr. (so als gäbe es das lebendige Judentum bis heute nicht) um so erstaunlicher. Mit Friedrich-Wilhelm Marquardt "stoβen wir auf eine verblüffende, kirchen- und theologiegeschichtlich seltene Umkehrung der Verhältnisse zwischen wissenschaftlicher Theologie und Kirche. Ist in der Regel die Theologie mit ihren offenen Diskussionen 'weiter' als die Kirche mit ihren formulierten Lehrentscheidungen, so verhält sich dies im Falle der christlich--

[33] Ebd. 110.

[34] Zu einem differenzierten und informativen Überblick vgl. H.H.Henrix, Der nie gekündigte Bund - Basis des christlich-jüdischen Verhältnisses, in: Erbe und Auftrag 66 (1990) 193-208, bes. 201ff unter Hinweis auf die Texte in Rendtorff - Henrix 157.159.161.163.176.207f.222.431.502.508.569.594.617, sowie - unter Einbezug aktueller Stimmen aus dem christlich-jüdischen Gespräch - die grundlegende Umschreibung christlich-jüdischer Identität als Katholikin von Sr. J.Eichmann, Der ungekündigte Bund. Christsein aus der jüdischen Wurzel, in: Ursulinenschule Köln 1989-1990, Köln 1990, 41-52, der der Verfasser den Hinweis auf das abschlieβende Zitat aus Sacharja und die Deutung von Röm 11,17 durch Kardinal Lustiger verdankt.

jüdischen Beziehung heute (mindestens in Europa) eindeutig umgekehrt. Während wissenschaftliche Theologen sich in ihrer Mehrheit der theologischen Erneuerung des Verhältnisses zum Judentum noch verschließen, haben Kirchen sich darauf schon in überraschend schneller und von Mal zu Mal energischer werdender Abfolge festgelegt".[35] Allerdings ist im Hinblick auf die Kirchen-Wirklichkeit stärker als hier zwischen der "Amtskirche" und dem Kirchenvolk einschließlich Gemeindeleitern und Multiplikatoren der Theologie wohl zu unterscheiden. Das Faktum aber bleibt erstaunlich. Was ist im Hinblick auf die eigene Wissenschaft vom Neuen Testament auf diese zutreffende Diagnose zu sagen? Wo liegen die Ursachen für die diagnostizierte "Krankheit"?

Das anstehende Problem ist ohne Zweifel nicht zuletzt wissenschaftstheoretischer Art. Alles hängt davon ab, ob es scharf gesehen wird und die Implikationen deutlich benannt werden. Dabei erscheinen mir folgende Aspekte vor allem bedenkenswert:

1. Historische Texte können nicht anders als historisch-kritisch interpretiert werden. "Anders als die vorkritische Auslegung von ehedem setzt die 'historisch-kritische Exegese' nicht mit der hermeneutischen Frage nach der Gegenwartsrelevanz biblischer Texte ein. Und sie geht auch nicht auf ein unmittelbar applikatives Verstehen aus. Sondern sie bleibt in allen ihren Vollzügen Anwalt des ursprünglichen Textsinnes."[36] Ob die Ergebnisse dem einzelnen Theologen oder seiner Kirche gelegen sind, ob sie dem jüdisch-christlichen Dialog förderlich sind, steht zunächst nicht zur Debatte. Unter diesem Aspekt sind Exegeten in der Gegenwart oft Eklektiker, da sie die ihnen nicht genehmen Texte des NT verdrängen, seien sie israelfreundlich oder israelkritisch.

2. Die fatalen Folgen der Beschränkung der Exegese auf diesen Blick in die Vergangenheit sind bekannt; er schließt nicht nur die

[35] F.W.Marquardt, Von Elend und Heimsuchung der Theologie. Prolegomena zur Dogmatik, München 1988, 396; zur theologiegeschichtlichen Bedeutung dieses dogmatischen Entwurfes vgl. H.H.Henrix, Vom Dialog zur Dogmatik, in: Kirche und Israel 4(1989) 66-72.

[36] K.Müller, Exegese/Bibelwissenschaft, in: NHthG 1(1984) 332-353.

Frage nach der Aktualität der historischen Texte für die Glaubensgegenwart aus, vielmehr legt er auch angesichts der Vielfalt von sich z.T. widersprechenden Auslegungen die objektiven Grenzen dieser Methode offen. Erforderlich ist eine kritische Reflexion der Motive und Intention der Exegeten. Spätestens in der NS-Zeit hat die historisch-kritische Exegese ihre Unschuld verloren.[37] Spätestens nach der Beendigung der grauenhaftesten Mordmaschinerie, die zivilisierte und christlich orientierte Menschen je ersonnen haben, hätte das hermeneutische Problem der lebensgeschichtlichen Situation des Auslegers und der Intentionalität seines Sprechens als Element einer sich als historisch-kritisch verstehenden Wissenschaft aufbrechen müssen, wenn sie denn wirklich kritisch sein will. Eben dies zielt eine "Theologie nach Auschwitz" an. Daß "Auschwitz" als Symbolname für den Genozid des jüdischen Volkes "eine hermeneutische Funktion aus(übt)", hat im katholischen Bereich keiner so deutlich gesehen und exegetisch bei Textauslegungen ernst genommen wie Franz Mußner.[38] Ein solches "hermeneutisches Apriori" läuft keineswegs "letzten Endes" darauf hinaus, wie Erich Gräßer behauptet, "daß der Aussagewille der neutestamentlichen Texte präjudiziert wird, womit in der Tat die methodische Klarheit und Nachprüfbarkeit der Exegese

[37] Vgl. R.P.Ericksen, Theologen unter Hitler. Das Bündnis zwischen evangelischer Dogmatik und Nationalsozialismus, München 1986 (zu Gerhard Kittel, Paul Althaus und Emanuel Hirsch); L.Siegele-Wenschkewitz, Neutestamentliche Wissenschaft vor der Judenfrage. Gerhard Kittels theologische Arbeit im Wandel deutscher Geschichte, München 1980; vgl. auch allgemeiner F.Heer, Gottes erste Liebe. Die Juden im Spannungsfeld der Geschichte, Frankfurt - Berlin 1986, 326-436. Im katholischen Bereich steht etwa bei den Paulus-Darstellungen ein synoptischer Vergleich der Auflagen des Buches von J.Holzner, Paulus. Sein Leben und seine Briefe, Freiburg 1937 und 1953 noch aus; das Ergebnis der Überarbeitungen und Streichungen ist unschwer zu raten.

[38] Mußner, Traktat 16; ders., Die Kraft der Wurzel. Judentum - Jesus - Kirche, Freiburg 1987; ders., Dieses Geschlecht wird nicht vergehen. Judentum und Kirche, Freiburg 1991. Daß Mußner dieses hermeneutische Prinzip vereinseitigt, zeigt etwa seine Auslegung von Mt 27,25 (s.o. bei Anm. 10), generell seine Ausblendung aller israelkritischer Texte im NT und die Konzentration auf Röm 9-11, ohne dies grundsätzlich hermeneutisch zu reflektieren.

verspielt wären und Willkür das Feld behielte"[39]. Hier wird jede Sensibilität für das Vor-Urteil des Auslegers, wie es seit Schleiermacher in der Sprachphilosophie immer deutlicher gesehen wurde, radikal ausgeblendet.[40]

Wie sehr historisch-kritische Exegeten biographische Elemente des Auslegers verdrängen oder vielleicht auch an der Selbstauslegung der Bibel unkritisch festhalten, zeigt das Programm der im übrigen hervorragenden Kommentarreihe "Evangelisch-Katholischer Kommentar zum Neuen Testament", die mit "Wirkungsgeschichte" statt "Rezeptionsgeschichte" umschrieben wird.[41] Gerade die vielfach belegte, gegen die ursprüngliche Intention des Textes verlaufende sogenannte Wirkungsgeschichte[42], bestätigt, daß Text und Leser zusammengehören; der gedruckte Text enthält eine tote Wahrheit, sie ist nur ihrer Potenz nach vorhanden, erst die Rezeption macht sie mit unterschiedlichen Akzenten lebendig. Daß bei dieser Reanimation dem Text eindeutige Priorität zukommen muß, sollte unstrittig sein.

[39] Gräßer, Zwei Heilswege 414; zum entstellten Referat der Position Mußners durch Gräßer vgl. dessen Kritik in: Dieses Geschlecht 33-37.

[40] Die Philippika Gräßers gegen die Vorbedingungen des christlichen Exegeten bei seiner Auslegung in der Situation nach Auschwitz als hermeneutischer Schlüssel ist um so bemerkenswerter, als er in einer merkwürdigen Art von hermeneutischer Empfindungslosigkeit Hühnerfarmen als "Tier-KZs" apostrophieren kann; vgl. ders., Das Seufzen der Kreatur (Röm 8,19-22). Auf der Suche nach einer "biblischen Tierschutzethik", in: Jahrbuch für Biblische Theologie 5. Schöpfung und Neuschöpfung, Neukirchen 1990, 93-117, ebd. 114 mit dem entlarvenden Hinweis: "Gegen diesen von Bernhard Grzimek aufgebrachten Begriff ist prozessiert worden - vergebens. Er ist rechtens anerkannt" (ebd. Anm.129). Gleichermaßen hermeneutisch entlarvend ist der Literaturhinweis in Anm.23 auf H.Wollschläger, "Tiere sehen dich an" oder Das Potential Mengele.

[41] Zum Programm und zu einer kritischen Würdigung vgl.H.Frankemölle, Evangelium und Wirkungsgeschichte. Das Problem der Vermittlung von Methodik und Hermeneutik in neueren Auslegungen zum Matthäusevangelium, in: Salz der Erde - Licht der Welt. Exegetische Studien zum Matthäusevangelium. FS A.Vögtle, Stuttgart 1991, 31-89, ebd. 63-84.

[42] Diese "Nichtwirkungsgeschichte" muß auch von den Vertretern dieser Hermeneutik konstatiert werden; vgl. Frankemölle, aaO. 70 Anm.128.

3. Die damit kurz angedeutete hermeneutische Konzeption ist - und dies ist für das Thema "Die Entstehung des Christentums aus dem Judentum" elementar - auch für die neutestamentlichen Autoren zu veranschlagen, wobei zusätzlich zu berücksichtigen ist, daß die Verfasser ihre Texte in übergreifender Ganzheit mit einem ganz bestimmten Aktionsziel auf konkrete Adressaten hin, also handlungsorientiert, pragmatisch formuliert haben. Neutestamentliche Texte sind demnach nicht systematisch, sondern situativ auszulegen. Die Biographie des Autors wie die Biographie der Adressaten, auf deren lebensgeschichtliche Situation hin der Autor schreibt, gehören mit zur Wahrheit des Textes. Der weithin übliche textimmanente Ansatz der Exegese muß aufgebrochen werden, da bei einem Verständis von Texten als Elementen eines konkreten sprachlichen Handelns auch literarisch geronnene Texte m.M.n. nur als Texte-in-Situationen und als Texte-in-Funktionen zu verstehen sind.[43] Dies heißt nicht, daß alle Aussagen des Textes immer nur situativ bestimmt sein müssen (s.u. die Hinweise zur "Wahrheit um unseres Heiles willen").

Ein solches Text-Verständnis hat weitreichende Konsequenzen nicht nur für die Frage nach der Entstehung des Christentums aus dem Judentum. Es nimmt die historische, politische, sprachliche und soziale Entwicklung als jene Wirklichkeit ernst, innerhalb derer bestimmte Glaubensüberzeugungen überhaupt erst gedacht werden können, da Glaube auf eben diese Erfahrungsbereiche damals und heute Antworten geben will. Glaube hat es immer mit der gesamten Wirklichkeitserfahrung zu tun, biblisch begründeter Glaube konkretisiert sich in jeweils neuer Glaubenspraxis - etwa im konkreten Verhalten von Juden und Christen. Diese ist jeweils von den Lebensumständen des jeweiligen Autors und der Adressaten bedingt, entsprechend zielt eine handlungsorientierte Theologie auf Stiftung oder Verstärkung von Identität, auf Auseinandersetzung und Klärung im Streit mit Gegnern - und ist entsprechend polemisch, auf Werbung neuer Mitglieder der

[43] Zu einer Umorientierung der historisch-kritischen Methode von diesem Verständnis her vgl. H.Frankemölle, Biblische Handlungsanweisungen. Beispiele pragmatischer Exegese, Mainz 1983, in kritischer Rezeption linguistischer Entwürfe von W.Iser, S.J.Schmidt u.a.

eigenen Glaubensgemeinschaft aus usw. Ein Ausleger hat dies mitzubedenken und entsprechend Sachkritik an neutestamentlichen Positionen zu üben mit dem Ziel, aus der Schrift heraus Aufklärung über unsere eigene Wirklichkeit zu gewinnen. Dabei gilt auch für Katholiken die Schrift als die einzig normgebende Größe, da sie die letztendliche Quelle der Offenbarung ist, während "die 'Hilfssprechweisen', die im Verlauf der Kirchengeschichte benutzt wurden, ... für den Glauben nicht denselben Wert (haben) wie die eigentliche Referenzsprache der inspirierten Autoren"[44].

Nimmt man beide Aspekte zusammen, ist zum einen die Schrift als die maßgebende Norm auch für katholische Christen zu akzeptieren, zum andern aber nicht Schriftstelle gegen Schriftstelle fundamentalistisch auszuspielen, sondern nach der Wahrheit in der gesamten Schrift zu fragen, "die Gott um unseres Heiles willen in heiligen Schriften aufgezeichnet haben wollte" (Dogmatische Konstitution über die göttliche Offenbarung Nr.11 des Vatikanum II). Die Berufung der christlichen Kirchen auf den ungekündigten Bund Gottes mit Israel gemäß den Aussagen des Paulus im Römerbrief anstatt auf Verdrängungstheorien, wie sie sich im Matthäus- und Johannesevangelium finden, die in äußerst polemischer Konfrontation zwischen christlicher und jüdischer Glaubensüberzeugung entstanden sind, ist dem angedeuteten Theologie-Verständnis für das gegenwärtige Verhältnis von Judentum und Christentum und für das Selbstverständnis der Kirche einzig angemessen. Aber es wäre naiv zu glauben, daß der Gedanke vom ungekündigten Bund Gottes mit Israel und Israel als Wurzelgrund der Kirche bereits wirklich rezipiert worden ist. Denn - so zu Recht Hubertus Halbfas - "Es geht nicht darum, dem theologischen Lehrgebäude einen Gesichtspunkt mehr beizufügen, sondern dieses gesamte Gebäude in seiner Fundamentierung und Statik neu zu überprüfen. Davon sind die historischen wie die systematischen Disziplinen der Theologie betroffen. Sollte das neue Denken in Zukunft nicht ebenso bei der Erörterung des Matthäus- oder des Johannesevangeliums eingeübt werden wie in der Ekklesiologie oder der Rechtfertigungs-

44 So in Rückbezug auf das Zweite Vatikanische Konzil die Päpstliche Bibelkommission in der Erklärung "Bibel und Christologie" von 1983, Stuttgart 1987,67.

lehre, wird es die Christenheit in ihrer judenfeindlichen Substanz schwerlich verändern. Es handelt sich um nicht weniger als um ein neues Paradigma christlicher Theologie, durch das eine ökumenische Korrektur aller bisher gelehrten Traktate zustande kommen muß. Die Aufgabe einer 'Theologie nach Auschwitz' findet darin ihre Einlösung."[45]

In diesen Worten verbinden sich zu Recht verschiedene hermeneutische Apriori, die für die Auslegung biblischer Texte wie auch für das zukünftige Verhältnis von Judentum und Christentum unbedingt zu beachten sind:

- die eigene, auch kirchliche Biographie "nach Auschwitz", die die Auslegung von Texten nicht präjudiziert, aber mitbestimmt;
- die Akzeptanz historischer und religionswissenschaftlicher Erkenntnisse (etwa im Hinblick auf die Vielfalt des Frühjudentums und der besonderen Rolle des griechischsprachigen Teils);
- Respekt vor der Glaubensüberzeugung des anderen (die jedoch nicht mit religionswissenschaftlichen und historischen Erkenntnissen identisch ist).

Die Akzeptanz dieser drei hermeneutischen Regeln dürfte wohl in der Tat ein neues Paradigma jüdischer und christlicher Theologie freisetzen, wobei im folgenden die historischen Aspekte zu entfalten sind.

Von welchen historischen und theologischen Voraussetzungen hätte ein solch neues Paradigma auszugehen, damit es nicht auf tönernen Füßen steht? Hier sind in aller Nüchternheit einige historische und theologiegeschichtlichen Erkenntnisse zu berücksichtigen, die es zum Judentum und Christentum im 1.Jh. vor und nach Christus gibt, die aber für die Verhältnisbestimmung von Israel - Kirche und ihrer gegenseitigen Ausgrenzungsgeschichte bislang nicht wirklich aufgearbeitet wurden. Es macht stutzig, daß es eine Monographie zu unserem Thema bislang nicht gibt.

[45] H.Halbfas, Wurzelwerk 135.

2. Historische Aspekte

Versteht man Glauben als Versuch, auf alle Erfahrungsbereiche seines Lebens, der Geschichte und der Welt eine Antwort zu geben, woraus eine vom Glauben begründete Glaubenspraxis freigesetzt werden muß, dann kann das Verhältnis von Israel und Kirche keineswegs nur ideengeschichtlich oder nur textimmanent verstanden werden. Schließlich waren es konkrete Menschen unter bestimmten Lebensbedingungen, die die Entstehung des Christentums aus dem Judentum und die schließliche Trennung durchlitten oder auch provoziert haben. So greifen historische und theologische Aspekte ineinander und bedingen einander.[46] So hat z.B. die Glaubensüberzeugung, daß Jesus der Christus und Sohn Gottes ist, die Trennung von Juden und Christen beschleunigt. Ebenso hat die staatspolitische Anerkennung allein der pharisäischen und christlichen Glaubensrichtung durch die römische Besatzungsmacht auf die theologiegeschichtlichen Entwicklungen bei Juden und Christen und auf ihr Verhältnis zueinander stark eingewirkt.

Welche politischen, soziokulturellen, theologischen und personalen Faktoren waren für die Entstehung des Christentums aus dem Judentum in erster Linie bedeutsam, welche für ihre Trennung? Die wichtigsten historischen Fakten sind schnell genannt, ohne daß sie schon die Trauer und Ängste der damaligen Menschen, ihre Freude und Hoffnungen widerspiegeln. Wenn es schon schwierig ist, das Stichwort "40 Jahre DDR" für uns mit Leben zu füllen oder die individual- und sozialpsychologischen Assoziationen beim Stichwort "Wende" nachzuempfinden, um wieviel schwieriger sind solche Versuche für fast 2000jährige Texte aus fremder Kultur und von einer Religion, von der Christen bis heute meinen, sie verdrängen zu dürfen oder gegen sie polemisieren zu müssen. Religionswissenschaftlich und

[46] Die Fragestellung bei Theißen, Entstehung, ist anderer Art. Er differenziert ebd. 179 zwischen der historischen Frage, "wie es zur Trennung von Juden und Christen kam", und der theologischen Frage, "was die historische Erkenntnis für das Selbstverständnis christlicher Theologie und die gegenwärtigen Beziehungen zwischen Juden und Christen bedeutet". Beide Aspekte lassen sich historisch und theologisch befragen.

historisch sind folgende maßgebliche Fakten zu nennen (die im Anhang in einer Skizze zusammengefaßt sind):

1. Die wichtigste historische und personale Voraussetzung lautet: "Jesus war Jude und ist es immer geblieben ... Jesus war voll und ganz ein Mensch seiner Zeit und seines jüdisch-palästinischen Milieus des 1. Jahrhunderts ... Jesus teilt mit der Mehrheit der damaligen palästinischen Juden pharisäische Glaubenslehren ... Dasselbe trifft auch für Paulus zu". So die Vatikanische Kommission für die religiösen Beziehungen zum Judentum in ihrer Erklärung "Hinweise für eine richtige Darstellung von Juden und Judentum in der Predigt und in der Katechese der katholischen Kirche" von Juni 1985 (II.12 und 17).[47]

Trotz der betonten Einbindung von Jesus und Paulus in das damalige Judentum betont die gleiche Erklärung selbstverständlich die christliche Glaubensüberzeugung von der Einzigartigkeit Jesu (vgl. etwa I.7). In der Tat: Ohne ein besonderes theologisches Sendungbewußtsein Jesu gibt es keine Jesusbewegung, die an ein neues und eschatologisch qualifiziertes Handeln Gottes in und durch Jesus bis hin zur Auferweckung glaubte. Jesus hat nicht nur eine religionsphänomenologisch feststellbare Identität, ohne Zweifel hatte er auch ein Selbstbewußtsein spezifischer Art, wie es sich in seinem Handeln und in seinem Reden belegen läßt.[48] Die Individualität im theologischen Anspruch Jesu kann hier - weder aus Platzgründen noch aufgrund der vorgegebenen Thematik - entfaltet werden, doch sei deutlich betont: Eine Gefahr der Nivellierung Jesu aufgrund der starken Einbindung ins Judentum ist nicht realistisch. Wohl ist deutlich zu sehen, daß er seine theologische Identität nur im Kontext des Judentums seiner Zeit gewinnt. Auch Paulus hatte ein eschatologi-

[47] Vgl. Rendtorff - Henrix 98f.

[48] Zum Anspruch des irdischen Jesus in Abgrenzung zu seiner Umwelt vgl. H.Frankemölle, Überlieferung Jesu - Jesusüberlieferung der Kirche. Jesus Christus als "Krisis" der biblischen Traditionen, in: Religionspädagogische Beiträge 19(1987) 35-80; zum neutestamentlichen Befund ders., Jesus - Anspruch und Deutungen, Mainz 21986.

sches Sendungsbewußtsein[49], aber er verstand sich durch und durch als "Knecht Jesu Christi" (vgl. etwa Gal 1,10; Phil 1,1; Röm 1,1) und als Bote des Evangeliums vom neuen Handeln Gottes in der Geschichte Jesu. Vom Inhalt seiner Theologie her bestätigt auch Paulus Jesus und Gottes Handeln in und durch Jesus als Ursprung christlichen Glaubens.

2. Trotz der betonten Gemeinsamkeit in der Vatikanischen Erklärung deuten die Namen Jesus und Paulus zwei für das Judentum und Christentum entscheidende Aspekte an: Heimat und Sprache. Jesus war bekanntlich ein aramäisch sprechender Jude aus Obergaliläa, Paulus ein griechisch sprechender Diasporajude aus dem kleinasiatischen Tarsos. Damit ist nicht (nur) eine Entwicklung innerhalb des Urchristentums angedeutet, vielmehr zwei sprachlich gleichberechtigte Möglichkeiten, die aufgrund der soziographischen Gegebenheiten von Anfang an das Christentum bestimmten. Menschen mit unterschiedlichen sprachlichen Voraussetzungen deuteten von ihrer Biographie und von ihrem sprachkulturellen Horizont her das Handeln Gottes in Jesus von Anfang an in verschiedenen Kategorien. Wenn daher bei Paulus die Menschensohn-Christologie sowie der zentrale Inhalt der Verkündigung Jesu von der "Gottesherrschaft" nicht mehr Inhalt der Verkündigung ist, so ist dies nur logisch. Dies gilt auch für die Messianologie bzw. Christologie, wenn Paulus das Bekenntnis "Jesus ist der Christos" zum Eigennamen "Jesus Christus" verändert und damit das Heilshandeln Gottes verbindet (etwa: Gott hat Jesus Christus von den Toten auferweckt).

3. Die Differenzierung von aramäisch und griechisch Sprechenden ist ein Kennzeichen der frühen christlichen Gemeinden. Bereits in Jerusalem gab es zwei Gruppen von Christen (vgl. Apg 6,1), die - falls sie nach der synagogalen Struktur lebten - von Anfang an zwei Gemeinden bildeten. Wie wollte man sich sonst im Gottesdienst bei den liturgischen Texten und bei der Predigt verstehen - abgesehen von

[49] Vgl. H.Frankemölle, Juden und Christen nach Paulus, in: ThGl 74(1984) 59-80, ebd. 66-73.

den mit der jeweiligen Sprache verbundenen Vorstellungen?[50] Folgenreich für die weitere Entwicklung wurde, daß die christlichen Juden, deren Muttersprache Griechisch war, in einen schwerwiegenden Konflikt mit der griechischsprachigen Synagoge Jerusalems gerieten, wie er sich in der Stephanusgeschichte in Apg 6,8-7,60 spiegelt. Ihre Vertreibung aus Jerusalem und die durch sie initiierte Mission auch an Nichtjuden in den hellenistischen Städten an der Küste und in der Dekapolis bis hin nach Damaskus unter Verzicht der Beschneidung brachte Menschen in die Jesusbewegung, die nicht mehr aus der jüdischen, sondern aus der pagan-griechischen Tradition lebten. Daß mit den sogenannten Heiden, die polytheistisch glaubten, neue Vorstellungen in die christliche Kirche kamen, liegt auf der Hand.

4. Zusammenfassend läßt sich festhalten: Die Kirche Gottes in Jesus Christus war durch und durch eine Kirche im Werden. Das in der Religionspädagogik bekannte Modell der Korrelation von Glaube und konkretem Leben läßt sich in jeder ihrer Phasen in der je neuen Aktualisierung ihres Glaubens (etwa in den vier Evangelien), im kirchlichen Leben und in der soziologischen Verwirklichung von Gemeinde (Hausgemeinden, Genossenschaften, Stadtgemeinden) feststellen. Diese Korrelation impliziert ein ständiges Bemühen um den richtigen Glauben und die richtige Glaubenspraxis, was Auseinandersetzungen mit anderen christlichen Theologen, mit jüdischen Theologen sowie mit der Religiosität der paganen Umwelt impliziert. Hier steht dann - selbst innerchristlich - Glaubensüberzeugung gegen Glaubensüberzeugung. Identität gibt es nur durch Abgrenzung, auch die christliche, sie wäre allerdings so zu formulieren, daß sie nicht auf Kosten der jüdischen Identität gehen müßte, wie es aber im Neuen Testament vielfach geschieht (vgl. die Evangelien nach Matthäus und Johannes, neuerdings wird aber auch das Evangelium nach Markus,

[50] Anders M.Hengel, Zwischen Jesus und Paulus, in: ZThK 72(1975) 151-206, ebd. 177; er setzt eine einzige Gemeinde für den Anfang voraus, in der es aufgrund der Sprachunterschiede "rasch" zu einer Spaltung des Gottesdienstes kam. Wie rasch? Wo sind die Quellen? Lassen sich Sprachunterschiede und dogmatische Unterschiede in ein zeitliches Nacheinander bringen?

nicht aber die Apostelgeschichte so gedeutet).[51] Wie läßt sich dieses Vorgehen der neutestamentlichen Theologen erklären? Da es nicht nur in der Bibel vorkommt, kann ein Blick in die Geschichtswissenschaft hilfreich sein, da auch dort asymmetrische Begriffspaare wie Griechen und Barbaren, Christen und Heiden belegt sind und auf ihre Funktion hin bearbeitet wurden. Ähnlich fungierten und fungieren im Hinblick auf die Christen oft bis heute "'die Juden' bzw. - noch abstrakter - 'das Judentum' ... als Objekt einer Identitätsstiftung via negationis. Wir können auch sagen: das Judentum ist das gesellschaftliche Feindbild schlechthin, der 'asymmetrische Gegenbegriff' par excellence. Ich nehme hier ... einen von dem Historiker R.Koselleck geprägten Terminus auf, der auf das Phänomen einer Welt- und Selbstdefinition mit Hilfe 'binäre(r) Begriffe von universalem Anspruch' aufmerksam gemacht hat."[52]

Selbstverständlich gibt es auch Entwürfe im NT, die nicht mit diesem asymmetrischen Gegenbegriff arbeiten; hinzuweisen ist etwa auf den Römerbrief des Paulus, auf den Jakobusbrief oder auf den 1.

[51] Zu Markus vgl. Kampling, Israel, bes. 251-258; zur Apostelgeschichte vgl. K.Löning, Das Verhältnis zum Judentum als Identitätsproblem der Kirche nach der Apostelgeschichte, in: "Ihr alle aber seid Brüder". FS A.Th.Khoury, Würzburg - Altenberge 1990, 304-319; Löning betont (vielleicht zu stark?) den Gedanken, daß auch das Heidenchristentum durch seine Beziehung zum Judenchristentum seine Kontinuität mit der Hoffnungsgeschichte Israels wahrt und von dorther seine Identität gewinnt. Auch wenn dies in abgemilderter Form zutreffen dürfte, ist am Ende doch nach Lukas die Trennung zu betonen; zur Begründung vgl. H.Frankemölle, laos Volk, Volksmenge, Gottesvolk, in: Exegetisches Wörterbuch zum NT 2(1981) 837-848, ebd. 841.843-845.

[52] E.W.Stegemann, Die christlichen Wurzeln des Judenhasses, in: Wege zum Menschen. Monatsschrift für Arzt und Seelsorger, Erzieher, Psychologen und soziale Berufe 42(1990) 483-496, ebd. 486 unter Verweis auf R.Koselleck, Zur historisch-politischen Semantik asymmetrischer Gegenbegriffe, in: ders., Vergangene Zukunft. Zur Semantik geschichtlicher Zeiten, Frankfurt 1979, 211-260, ebd. 213; zum Begriffspaar "Hellenen und Barbaren" vgl. ebd. 218-229, zu Christen und Heiden 229-244; auch Chr.Hoffmann, Das Judentum als Antithese. Zur Tradition eines kulturellen Wertungsmusters, in: W.Bergmann - R.Erb (Hrsg.), Antisemitismus in der politischen Kultur nach 1945, Opladen 1990, 20-38, ebd. 30.

Petrusbrief. Auch in diesem Komplex zeigt sich die ganze Vielfalt der unterschiedlichen Lebenssituationen neutestamentlicher Gemeinden.

5. Gemeinsam sind jedoch allen Entwürfen im NT der Glaube an das gegenwärtige schöpferische Handeln Gottes in der Welt, im Menschen und besonders und in einzigartiger Weise in Jesus von Nazareth bis hin zu seiner Auferweckung von den Toten, dann aber auch an das Handeln Gottes in der Geschichte der Urgemeinden. Beide Aspekte werden ohne Ausnahme mit Kategorien der hebräischen bzw. griechischen Bibel der Juden interpretiert. Eine eigene christliche Bibel gab es im 1.Jh. noch nicht. Die Verfasser verstanden demnach ihre Erzählungen, Hymnen, Glaubensbekenntnisse vom eschatologisch qualifizierten neuen Handeln Gottes in und durch Jesus Christus als mögliche Zeugnisse jüdischen Glaubens, jüdischer Frömmigkeit und jüdischer Hoffnung. Die Schriftverwiesenheit ist die grundsätzliche Perspektive aller christlichen Gemeinden im NT und in der nachneutestamentlichen Zeit - bis auf das markionitische Christentum. Der Glaube an Gott war die Konstante, der Glaube an Gottes Handeln in Jesus Christus die Variante, die jedoch noch nicht konfessionstrennend war[53]; immerhin blieben die Judenchristen 40 - 50 Jahre Teil der Synagoge. Die entscheidende Differenz zwischen Judentum und Christentum wird aber die Christologie (s.u.). Dies gilt es näher zu erklären. Fragt die christliche Theologie nach ihrem christologisch begründeten Selbstverständnis, stellt sich ipso facto die Frage nach dem Verhältnis von Kirche und Synagoge.

6. Ein wichtiger Faktor dieses Selbstverständnisses war - wie der letzte Punkt andeutete - die mit dem Judentum gemeinsame hebräische bzw. griechische heilige Schrift. Allerdings las man dort und hier, aber auch in den einzelnen jüdischen Gruppen (s.u.) aufgrund der eigenen Erfahrungen mit Welt, Geschichte und Gesellschaft die überlieferten Schriften je neu. Konkret: Die Christen lasen sie aus der Perspektive des von ihnen geglaubten neuen Handelns Gottes in und durch Jesus Christus und in der von ihm initiierten Bewegung. Hans Hübner hat

[53] Vgl. H.Frankemölle, Neutestamentliche Christologien vor dem Anspruch alttestamentlicher Theologie, in: BiLe 15(1974) 258-269. Zu jüdischen Stimmen s.u. Anm. 65 und 78; vgl. auch oben bei Anm. 6.

in diesem Zusammenhang zu Recht auf die Differenz von Vetus Testamentum und Vetus Testamentum in Novo receptum insistiert.[54] Er folgert aus dieser Differenz, daβ ein solches rezeptionsorientiertes Lesen älterer Texte "auch einen befreienden Beitrag zum theologischen Gespräch mit dem Judentum leisten (könnte). Wenn nämlich der christliche Theologe einräumt, daβ das Alte Testament, wie es die neutestamentlichen Autoren rezipierten und im christlichen Horizont theologisch neu deuteten, also christologisch deuteten, nicht dem Selbstverständnis der Heiligen Schrift Israels entspricht, so würde deutlich, daβ er für seinen christlichen Glauben gerade nicht die Biblia Hebraica als diejenige Gröβe, als die sie im Judentum religiöses Eigentum ist, in Anspruch nimmt. Dem Judentum wäre dann nicht mehr seine Heilige Schrift durch die Kirche entwendet. Damit ist jedoch nicht die historische Verbindung zwischen dem alten Israel und der Kirche geleugnet. Damit ist auch nicht - was theologisch erheblich wichtiger ist - der Glaube an den Einen Gott, der sich gegenüber Israel als dessen Gott erwiesen hat, vom Glauben an den Einen Gott, der der Vater Jesu Christi ist, radikal getrennt."[55]

Dies ist eine klare, weiterführende Position, die auf viele Vorarbeiten zur ständigen Aktualisierung und Neuinterpretation in der Glaubensgeschichte des Alten Testamentes sowie zu seiner damit gegebenen grundsätzlichen Offenheit nach vorn hin zurückgreifen kann[56], die aber bei Hübner für das jüdisch-christliche Gespräch

[54] H.Hübner, Vetus Testamentum und Vetus Testamentum in Novo receptum. Die Frage nach dem Kanon des Alten Testaments aus neutestamentlicher Sicht, in: JBTh 3(1988) 147-162; diese perspektivische Lesart des Alten Testaments macht Hübner zum hermeneutischen Schlüssel für eine biblische Theologie; vgl. ders., Biblische Theologie des Neuen Testaments. I Prolegomena, Göttingen 1990.

[55] Ders., Theologie 69.

[56] Vgl. etwa die Aufsätze von J.Maier, Kontinuität und Neuanfang, und von J.Schreiner, Interpretation innerhalb der schriftlichen Überlieferung, in: J.Maier - J.Schreiner (Hrsg.), Literatur und Religion des Frühjudentums, Würzburg - Gütersloh 1973, 1-18 und 19-30. Hinzuweisen ist vor allem auf den traditionsgeschichtlichen Ansatz bei G. v. Rad, Theologie des Alten Testaments, 2 Bände, München 91987, sowie bei H.Gese, Vom Sinai zum Zion. Alttestamentliche Beiträge zur biblischen Theologie, München 1974. Zu einem For-

aufgrund einer Prämisse nicht wirklich weiterführend ist. Diese lautet: "Das bisherige inneralttestamentliche Geschehen von je neuer theologischer Interpretation von überkommenen Traditionen erhält nun den Charakter des Endgültigen." Wenn, wie Hübner formuliert, die alttestamentliche Perspektive "von der neutestamentlichen endgültig eingeholt (ist), ... über die Maßen relativiert (ist)"[57], dann feiert die bekannte Enterbungs-Theologie Israels durch die Kirche, hier des AT durch das NT fröhliche Urständ. Die weitere Interpretation der biblischen Schriften durch das nichtchristliche Judentum in Tora und Halacha, in Schrift und Tradition[58] als adäquate Aktualisierung aus dessen Glaubensgeschichte wird negiert, die eigene christliche Identität zum Maßstab für die Identität anderer gemacht. Insgesamt wird bei der Unterscheidung "das AT und das im NT rezipierte AT" eine dynamische Weiterentwicklung nur auf christlicher Seite beachtet, für die andere Seite jedoch suggeriert, als handele es sich um eine abgeschlossene textliche Größe, während diese doch religionswissenschaftlich sehr unterschiedlich nur jeweils im Akt der Rezeption durch die verschiedenen Gruppen des damaligen und heutigen Judentums existiert. Es ist nicht nur von einer doppelten, lebendigen und biblisch begründeten Rezeptionsgeschichte im christlichen und jüdischen, sondern noch einmal differenziert im hebräischen und hellenistischen Bereich auszugehen, wobei religionswissenschaftlich alle als gleichberechtigte Glaubensgeschichten anzusetzen sind. Wie anders sind die Worte von Papst Johannes Paul II. von April 1986 zu verstehen, der als Voraussetzung für einen Dialog die "Achtung vor den inneren Überzeugungen der einen und der anderen" fordert.[59]

7. Mit Recht hat dagegen Hübner - um bei seinem Entwurf einer gesamtbiblischen Theologie zu bleiben - neben der Sammlung he-

schungsüberblick vgl. H. Graf Reventlow, Epochen der Bibelauslegung. I Vom Alten Testament bis Origenes, München 1990, 11-49.

[57] Hübner, Theologie 66.

[58] Zu der heute vertretenen These, daß Tora und das jeweils geltende Gesetz im Frühjudentum keineswegs identisch sind, vgl. die Zusammenfassung von Schenke, Urgemeinde, 160-162.

[59] Zum Text vgl. oben bei Anm. 33.

bräisch geschriebener heiliger Schriften die Sammlung griechisch geschriebener heiliger Schriften der Diasporajuden, die quantitativ wohl ca. 4/5 der Bevölkerung ausmachen, gestellt, da letztere von den neutestamentlichen Autoren und ihren Gemeinden als heilige Schrift verstanden und bei den vielen rezipierten Schriftstellen fast ausschließlich zitiert wurde.[60] Dies hat vor allem inhaltliche Konsequenzen für die hellenistisch-jüdischen Voraussetzungen und für die dadurch bedingten inhaltlichen Entfaltungen der neutestamentlichen Christologien, die allein mit der hebräischen Bibel nicht hätten gedacht werden können.[61] Für das Selbstverständnis der Kirche ist neben der Septuaginta, der griechischen Sammlung der heiligen Schriften des Judentums, aber auch die gesamte außertestamentarische Literatur sowie deren je unterschiedliches Selbstverständnis von Gemeinde Gottes zu beachten.[62]

Auch im Bereich der Ekklesiologie des Judentums gibt es eine Vielzahl miteinander konkurrierender Entwürfe, die jedoch alle - einschließlich der christlichen - als noch mögliche Denkmodelle im Judentum zu verstehen sind.[63] Auch wenn man bis in das gegen-

[60] Vgl. Hübner, Theologie 44-70; trotz der durch ihn vorgenommenen Differenzierungen beim Begriff "Kanon" sollte man gerade wegen der von ihm genannten Schwierigkeiten diesen anachronistischen Begriff für diese Zeit nicht verwenden, da die eigenen Assoziationen wohl übermächtig sind.

[61] Vgl. Frankemölle, Neutestamentliche Christologien als jüdische Glaubenszeugnisse? in: H.Flothkötter - B.Nacke (Hrsg.), Das Judentum - eine Wurzel des Christlichen. Neue Perspektiven des Miteinanders, Würzburg 1990, 104-126, bes. 111-114.

[62] Bei Hübner, Theologie, zeigt sich nicht nur eine durchgehend innertextliche Perspektive (unter Ausblendung soziologischer Aspekte), sondern auch eine unzulässige Verengung auf das Verhältnis von AT und NT, so als ob die Fülle der intertestamentarischen Literatur nicht zur Frage nach der Offenheit des "Kanons" und damit zur Frage nach einer biblischen Theologie gehört.

[63] Zu den frühjüdischen Kirchen-Konzeptionen vgl. L.Rost, Die Vorstufen von Kirche und Synagoge im Alten Testament, Darmstadt 21967; H.J.Fabry, Studien zur Ekklesiologie des Alten Testaments und der Qumrangemeinde, masch.schriftl. Habilitation, Bonn 1979; F.J.Stendebach, Versammlung - Gemeinde - Volk Gottes. Alttestamentliche Vorstufen von Kirche? in: Judaica 40(1984) 211-224;

wärtige jüdisch-christliche Gespräch hinein "mit einem antihellenistischen Trauma bei Juden rechnen" muß[64], so ist dennoch mit dem konservativen Rabbiner und Religionswissenschaftler Philip Sigal das hellenisierte Judentum, das nach ihm auch Paulus verkörperte, als eine der möglichen Formen der damaligen religiösen jüdischen Erfahrung zu verstehen.[65] Ohne hellenistisches Judentum, ohne seine Theologie und ohne das Kirchenverständnis in den unterschiedlichen Gruppierungen des Frühjudentums ist die kirchliche Identität der hellenistischen Jesusanhänger nicht zu verstehen.

8. Die knappen Hinweise auf die sprachliche Vielfalt im damaligen Judentum, auf die verschiedenen Sammlungen von heiligen Schriften in Hebräisch bzw. Griechisch sind zu verallgemeinern: Wie es im christlichen Bereich aramäisch und griechisch sprechende Judenchristen gab, daneben griechisch sprechende Heidenchristen, wie unabhängig voneinander existierende Glaubensrichtungen nach Johannes und Paulus, Markus und Matthäus usw. existierten, so gab es auch im nichtchristlichen, jüdischen Bereich eine Vielfalt unterschiedlicher religiöser Gruppierungen. "Das Judentum" gab es nicht, auch heute nicht. Das Judentum zur Zeit Jesu war nicht uniform, sondern "durch ein wirres Partei- und Konventikelwesen zerspalten ..., dessen Nachleben man für die Zeit nach 70 n.Chr. trotz aller Kriegsfolgen nicht einfach ausschließen darf. Um 200 n.Chr., zur Zeit des Jehuda ha-Nasi und der Fixierung der Mischna, hatte die rabbinische Richtung ihr Ziel weitgehend erreicht".[66] Ein normatives oder

J.Schreiner (Hrsg.), Unterwegs zur Kirche. Alttestamentliche Konzeptionen, Freiburg 1987.

[64] So Petuchowski - Thoma, Lexikon 151.

[65] Zur Begründung vgl. Ph.Sigal, Judentum, Stuttgart 1986, 56-92.

[66] J.Maier, Jesus von Nazareth in der talmudischen Überlieferung, Darmstadt 1978, 8; vgl. ders., Zwischen den Testamenten. Geschichte und Religion in der Zeit des zweiten Tempels, Würzburg 1990. Ausführlich zur Situation des jüdischen Volkes im 1.Jh.: S.Safrai - M.Stern (Hrsg.), The Jewish People in the First Century. Historical Geography, Political History, Social, Cultural und Religious Life and Institutions I-II, Assen 1974/76. Vgl. auch J.Neusner, Judentum in frühchristlicher Zeit, Stuttgart 1988.

"offizielles Judentum" - wie immer noch zu lesen ist[67] - gab es zur Zeit Jesu und zur Zeit des Paulus noch nicht. Jede Richtung verstand sich als solches; darin bestanden ihre Identität und ihre Existenzberechtigung. Die Frage nach Orthodoxie und Häresie war noch nicht entschieden.[68] Im Kontext der pharisäischen, sadduzäischen, essenischen, galiläischen, alexandrinischen, apokalyptischen u.a. jüdischen Richtungen war die eschatologisch gestimmte, messianische Erneuerungsbewegung Jesu von Nazareth eine Richtung unter anderen.[69] Die Vielfalt dieser Gruppen ist bedingt durch die Vielfalt der religiösen Erfahrungen im Judentum um die Zeitenwende und in der religiösen Ernsthaftigkeit, auf die unterschiedlichsten Wirklichkeitsbereiche vom Glauben her eine persönliche Antwort zu geben (vgl. Beilage 2).

Die messianische Erneuerungsbewegung Jesu von Nazareth verstand sich in ihrem Selbstverständnis durchaus zu Recht als "neuer Weg" (vgl. Apg 9,2; 19,9.23; 22,4; 24,14.22), als "neue Lehre" (Mk 1,27) der "Richtung/Sekte/hairesis der Nazoräer" (Apg 24,5.14; 28,22) parallel etwa zur "Sekte/Richtung/hairesis der Sadduzäer" (Apg 5,17) und der Pharisäer (Apg 15,5; 26,5). Auch von jüdischer Seite, wie Josephus belegt (vgl. Bell 2,118; Ant 13,171.293 u.a.) wurden religiöse Richtungen so benannt. Die Bezeichnung "Christen" erhielten die Jesusanhänger erstmals in Antiochien (vgl. Apg 11,26; 26,28; vgl.

[67] Küng, Judentum 426.431.433.

[68] Zur Begründung vgl. J.Blank, Zum Problem von "Häresie und Orthodoxie" im Urchristentum, in: G.Dautzenberg u.a. (Hrsg.), Zur Geschichte des Urchristentums, Freiburg 1979, 142-160; zu kirchengeschichtlichen und systematischen Aspekten von Gemeinschaft und Abgrenzung vgl. das Themenheft "Orthodoxie und Heterodoxie", in: Conc 23(1987) Heft 4 sowie J.Wirsching, Kirche und Pseudokirche. Konturen der Häresie, Göttingen 1990.

[69] Vgl. den Überblick bei Schenke, Urgemeinde 34-65, bei dem die "Heiden" als mögliche Hörergruppe der Jesusbotschaft nicht vorkommt; vgl. ebd. 201 den andeutenden Hinweis auf "Jesu unrituelles Verhalten und seine Unvoreingenommenheit auch Heiden gegenüber"; vgl. jetzt besonders auch den kritischen Überblick von G.Stemberger, Pharisäer, Sadduzäer, Essener, Stuttgart 1991, der die in der Literatur üblichen festen Abgrenzungen zwischen den einzelnen Richtungen zu Recht in Frage stellt.

1 Petr 4,16) wohl von Außenstehenden, die im Christus-Bekenntnis und in der darin begründeten Lebensweise das Charakteristikum dieser jüdischen Richtung erkannten (vgl. auch Tacitus, Ann X,44; Sueton, DivClaud 25). Daß diese judenchristliche Richtung mit den übrigen nichtpharisäischen Richtungen in der Periode der Festlegung der verbindlichen Halacha in der Zeit von 70-135 n.Chr. aus der Synagoge gebannt wurde, was gemeinhin mit dem "Ketzersegen" unter Gamaliel II.[70] und der sogenannten Synode von Jabne verbunden wird, im übrigen aber ein langer Prozeß war, ist - dies mag für Christen ernüchternd sein - nicht primär im Bekenntnis zu Jesus als Christos/-Messias begründet. Daß die Haltung der jüdischen Muttersynagoge zu den Heidenchristen vor allem aufgrund der Tatsache, daß diese Heiden in ihre Bewegung aufnahmen, ohne sie an die Tora des Judentums zu binden (hinzuweisen ist vor allem auf den Verzicht der Beschneidung und auf die Ehepraxis), von Anfang an anders sein mußte, erübrigt sich zu sagen. Hinsichtlich der Judenchristen war jedoch - so mit Recht J.Maier - "das rabbinische Interesse am frühen Christentum weitaus geringer als gemeinhin angenommen wird".[71] Wenn nicht das Bekenntnis der Judenchristen, was war dann von ausschlaggebender Bedeutung für ihre Ausgrenzung aus der Synagoge? Historisch-politische und sprachlich-kulturelle Entfremdungen sind hier zu nennen. Zunächst zum Historischen:

9. Zur Abtrennung des Christentums vom Judentum stellt Sigal fest: "Auch der Glaube der Christen war in nicht geringerem Maße als der Glaube der Samaritaner und der Qumrangemeinde ein jüdischer Glaube. Und genauso wie im Falle der Samaritaner war die unwiderrufliche Ausgrenzung der Christen aus dem Judentum ursprünglich das Ergebnis politischer Gegebenheiten und nicht theologischen Reflektierens. Zwar war es den Christen, also denjenigen, die an Jeschua von Nazaret als den verheißenen Erlöser, den Gesalbten oder Messias bzw. Christus glaubten, schwer geworden, zusammen mit den Juden, die

[70] Zur Einfügung der 12. Benediktion im Achtzehnbittengebet mit der Verwünschung der Verleumder (minim) und "Nazaräer" sowie zum Verständnis des "Ketzersegens" vgl. Petuchowski - Thoma, Lexikon 202-205 (mit Textbeispielen).

[71] Maier, aaO. 273.

nicht an diesen Jesus glaubten, in der gleichen Synagoge am Gottesdienst teilzunehmen. Es hätte aber ein modus vivendi gefunden werden können, wenn nicht die Sache der jüdischen Nation die christlichen und die anderen Juden auf unüberbrückbare Weise entzweit und heftige Emotionen geschürt hätte. In nach fast zweihundert Jahren (64 v.Chr. bis 135 n.Chr.) des Aufstandes, Bürgerkrieges und Terrorismus, der Rebellion und nationalistischen Gewalt, der Repression und Unterdrückung und der dies alles begleitenden apokalyptischen und messianischen Träume und Visionen wurden diejenigen, die sich gegen das 'nationale Interesse' wendeten, nicht besonders geschätzt. Die christlichen Juden und ihre heidnischen Konvertiten, die nach der Kreuzigung Jesu einem apolitischen messianischen Glauben anhingen, wurden somit unvermeidlich als außerhalb der jüdischen Gemeinschaft stehend betrachtet. So wurde auch die Friedenspartei des Jochanan ben Zakkai von der im rabbinischen Judentum vorherrschenden Richtung, die sich zwischen 80 und 130 n.Chr. sehr stark nationalistisch engagierte, hinweggefegt."[72] Judenchristen hatten sich am Freiheitskampf gegen Rom nicht beteiligt und wurden deshalb von national-zelotischen und von national-konservativen Kreisen als Verräter betrachtet. Die Bevorzugung der griechischen Bibel tat ein Übriges, da die Besinnung auf die hebräische Bibel ein deutliches Zeichen des Nationalismus des rabbinischen Judentums wurde. Historische, sprachliche und theologische Aspekte greifen damit - wie bei der Kirchenspaltung zwischen der abendländischen und morgenländischen Kirche im Jahre 1054 - aufs engste ineinander. Verengungen und immer stärkere Vereinseitigungen sowie damit einhergehende Akzente, um die eigene Identität und Gruppe zu stabilisieren, finden sich in den folgenden Jahrzehnten sowohl auf der einen wie auf der anderen Seite, die ihre religionsgeschichtlich gemeinsame Basis im Frühjudentum im 1.Jh. vor und nach Chr. jedoch nicht verleugnen können.[73] Bildlich im Kontext der ersten Skizze gesprochen: Es läßt sich unschwer eine Hosen-Struktur

[72] Sigal, Judentum 74f.

[73] Zum großen Glaubenserbe Israels und zu den gemeinsamen Aufgaben in der Welt vgl. etwa Mußner, Traktat 88-175.379-387.

feststellen; der obere breite und bunte Bund wird immer schmaler und einfarbiger; es bleibt jedoch das Modell einer Hose.

10. Was als größte Reaktivierung und Aktualisierung der in der hebräischen Bibel zusammengefaßten religiösen Erfahrungen durch die Übersetzung ins Griechische etwa in der Septuaginta zwischen 250 und ca. 100 v.Chr. begonnen hatte und in der originären Neufassung griechisch-jüdischer Bibelschriften wie etwa des Buches der Weisheit oder der Schriften Philos von Alexandrien (gest. ca. 40 n.Chr.) seine Fortsetzung fand, wurde durch die Entscheidung des rabbinischen Judentums nach 70 allein für das hebräische Alte Testament abrupt beendet. Dadurch wurden auf breitester Front vertextete religiöse Erfahrungen für das nichtchristliche Judentum abgeschnitten, während das christliche Judentum immer stärker aus ihnen lebte. Die hellenisierte jüdische Theologie stellte überhaupt erst der hellenisierten christlichen Theologie jene Denkmodelle zur Verfügung, ohne die die Christologie bis heute nicht gedacht wird.[74]

Hinzuweisen ist vor allem auf die verschiedenen Wirkweisen Gottes, mag man sie Mediatisierungen, Hypostasen oder Personifizierungen nennen. Unübersehbar ist, daß in dieser hellenistischen Zeit des Judentums der Glaube an den einen Gott durchaus mit Schöpfungs- und Offenbarungsmittler wie Wort Gottes, Geist Gottes, Weisheit Gottes, Herrlichkeit Gottes u.a., die präexistent gedacht wurden, verbunden werden konnte.[75] Aus der Perspektive der hebräisch orientierten Theologie, die solche Denkkategorien nicht kannte, läßt sich daher etwa zum Buch der Weisheit und der Rolle der Weisheit in ihr durchaus zutreffend formulieren: "Die Weisheit als

[74] Zu dieser theologiegeschichtlichen Voraussetzung vgl. Frankemölle, Christologien 110-116. Zum Verhältnis von Judentum und Hellenismus insgesamt vgl. das Standardwerk von M.Hengel, Judentum und Hellenismus. Studien zu ihrer Begegnung unter besonderer Berücksichtigung Palästinas bis zur Mitte des 2. Jh.s v. Chr., Tübingen 31988, sowie seine Weiterführung in ders., Juden, Griechen und Barbaren. Aspekte der Hellenisierung des Judentums in vorchristlicher Zeit, Stuttgart 1976; hier wird das Problem bis 175 v.Chr. dargestellt.

[75] Vgl. dazu G.Pfeifer, Ursprung und Wesen der Hypostasenvorstellungen im Judentum, Stuttgart 1967; C.Thoma, Christliche Theologie des Judentums, Aschaffenburg 1978, 184-209; Frankemölle, Christologien 114-116.

'Schöpfungsmittlerin' (9,1), deren Gestalt und Funktion in Anlehnung an die hellenistische Popularphilosophie, insbesondere unter Aufnahme von stoischen Vorstellungen über das innerweltliche Wirken des Logos, verstanden ist, wird hier fast zur Gefahr für den 'orthodoxen' Jahweglauben."[76] Auch Hinneigungen Gottes zur Welt, seine Anwesenheit in Israel beim Auszug aus Ägypten oder später im Tempel, sein Wirken durch Menschen (vor allem im König und in den Propheten) sind inkarnatorische Vorformen des christlichen Bekenntnisses. Sprach und handelte Gott z.B. durch die Propheten in punktueller und situativer Identifikation[77], so bei Jesus von Nazareth gemäß christlichem Glauben im gesamten menschlichen Leben als einer Hypostase Gottes. Hier und erst hier liegt die bleibende Differenz zwischen dem jüdischen und christlichen Glauben, nicht in den Denkmöglichkeiten an sich.

David Flusser hat als vergleichender jüdischer Religionswissenschaftler dies nüchtern gesehen, wenn er schreibt: "Jesu Lehre war jüdisch, und das gleiche gilt für die Christologie und alle ihre Bestandteile. Die Christologie entwickelte sich einerseits aus Jesu starkem Selbstbewußtsein und aus dem, was mit Jesus geschah oder was als geschehen angenommen wurde, und andererseits aus den verschiedenen Leitgedanken der jüdischen Religion, die man mit Jesus in Verbindung brachte. Jesu persönliche Erfahrung der göttlichen Sohnschaft wurde mit dem jüdischen Konzept der Prä-Existenz des Messias verknüpft, und dies ebnete den Weg für den Gedanken, daß Christus gleichzeitig göttlichen Wesens (eine Hypostase Gottes) ist, als 'der Sohn der Abglanz der Herrlichkeit Gottes und das Ebenbild des göttlichen Wesens ist und alle Dinge durch sein kräftiges Wort trägt' und daß Gott durch ihn die Welt geschaffen hat (Hebr 1,2-3). Die

[76] E.Zenger, Die späte Weisheit und das Gesetz, in: Maier - Schreiner, Literatur 43-56, ebd. 48; zu einem Überblick zur Entwicklung der Vorstellung von der Präexistenz der Weisheit und ihrer Personifikation vgl. auch K.J.Kuschel, Geboren vor aller Zeit? Der Streit um Christi Ursprung, München - Zürich 1990, 239-262.

[77] Zur Begründung vgl. A.J.Heschel, Die Prophetie, Leipzig 1936; U.Mauser, Gottesbild und Menschwerdung, Tübingen 1971; C.Thoma - M.Wyschogrod (Hrsg.), Das Reden vom einen Gott bei Juden und Christen, Bern 1984; vgl. zusammenfassend Frankemölle, Christologien 113-116.

jüdische Auffassung, daß der Tod der Märtyrer Sünden tilgt, wurde natürlich auf die Kreuzigung Jesu übertragen. Selbst die Erfahrung seiner Auferstehung ist jüdisch ebenso wie das Konzept von seiner Himmelfahrt. Und Jesus selbst hat über das Kommen des Menschensohnes gesprochen; diese Redewendung ist der höchste Begriff vom Messias im Judentum. Selbst wenn im übrigen Neuen Testament die Bezeichnung 'Menschensohn' keine größere Rolle spielte, so war doch der Begriff selbst fruchtbar, und so glaubte man, daß am Ende Christus auf Gottes Thron als göttlicher Richter sitzen werde.

Dieses ganze meta-historische Drama entstand aus jüdischen Elementen ... Die gesamte Christologie ist ein erhabener Ausdruck der Tendenz im Judentum zur Zeit des zweiten Gemeinwesens (des zweiten Tempels), das Judentum zu re-mythologisieren. Die Christologie zeigt die äußerste Möglichkeit in dieser Re-Mythologisierung." Daraus folgt nach Flusser, daß "die Christologie der Ausdruck nur einer Tendenz im alten Judentum ist, nämlich der äußersten Re-Mythologisierung in einer bestimmten Richtung, und diese wurde auch in abgemildeter Form nicht von allen Juden akzeptiert."[78] Eine solche Position kann - je nach Glaubensstandort - von heutigen Juden keineswegs allgemein geteilt werden, wobei die Glaubensüberzeugung der Christen, daß im Menschen Jesus von Nazareth eine Hypostase Gottes sich inkarniert hat, ohnehin nicht zur Verhandlung ansteht.

An die jüdische Seite richtet sich bei diesem Punkt die Frage, ob jüdischer Glaube sich nicht wie damals im Hellenismus so auch heute neuer sprachlicher Vorstellungen bedienen könnte, um Glaubenserfahrungen für die je eigene Zeit zu aktualisieren.[79] Für die christlichen Kirchen - und hier sprechen wir für uns selbst - bleibt die Frage,

[78] D.Flusser, Das Schisma zwischen Judentum und Christentum, in: EvTh 40(1980) 214-239, ebd. 216f; zur Identifizierung der präexistenten Weisheit und des präexistenten Messias in frühjüdischen und christlichen Schriften vgl. G.Schimanowski, Weisheit und Messias, Tübingen 1985; zum NT und zur Präexistenz Christi ebd. 309-344, der sein Buch mit einer uneingeschränkten Zustimmung zur These von Flusser schließt (344).

[79] Ähnlich auch Petuchowski - Thoma, Lexikon, im Artikel "Hellenismus", aaO. 148-152, ebd. 151f.

ob nicht nur die evangelische, sondern auch die katholische Theologie (seit der Rückbesinnung auf die Schrift im II. Vatikanum) den christlichen Glauben verstärkt bibeltheologisch denken muß, konkret: Sind Christen bereit, von einer spekulativen, immer stärker einseitig werdenden, rein innerchristologischen bzw. innertrinitarischen esoterischen Betrachtung wieder zu einer offenbarungs- und heilsgeschichtlichen Christologie und Theologie zurückzufinden, wie sie von der Schrift vorgegeben ist? Wie der jüdische Glaube so ist auch der christliche Glaube theozentrisch,[80] auch wenn letzterer im Unterschied zum ersteren vom einzigartigen Handeln des Gottes Israels in, durch und an Jesus von Nazareth ausgeht. Auch für christlichen Glauben ist die Theozentrik die umfassende Perspektive (vgl. etwa Röm 10,9: "Gott hat ihn von den Toten auferweckt"; 2 Kor 5,19: "Gott war es, der in Christus die Welt mit sich versöhnt hat"; zum Werden der Kirche vgl. 1 Kor 3,6: "Ich habe gepflanzt, Apollos hat begossen, Gott aber ließ wachsen").[81] Kein einziger Theologe im NT läßt Zweifel an der Einzigkeit Gottes aufkommen (vgl. Röm 3,30: "Ein einziger ist Gott"; vgl. auch Mk 10,18), auch das Bekenntnis zur Trinität tut dies nicht. Die Frage bleibt für Juden und Christen, wie man - will man nicht einem "strengen Transzendenzmonotheismus"

[80] Aus welchen Gründen auch immer stellt M.Weinrich, selbst im christlich-jüdischen Gespräch engagiert, die theozentrische Perspektive für das NT in Frage: "Insgesamt scheint mir die inzwischen von verschiedenen Seiten zu vernehmenden (sic!) These von einem im Neuen Testament bezeugten Theozentrismus von unklaren Voraussetzungen auszugehen, in der Sache zu kurz zu greifen und am Ende (auch im Dialog mit dem Judentum) mehr Probleme aufzuwerfen als zu lösen"; so ders., Apostelgeschichte 3,1-11; 5,12-16. Heil und Heilung, in: K.P.Jörns (Hrsg.), Karwoche, Osterzeit, Pfingsten, Trinitatis, Göttingen 1991, 121-127, ebd. 127 Anm. 11.

[81] Zur Begründung vgl. umfassend W.Thüsing, Gott und Christus in der paulinischen Soteriologie. I Per Christum in deum. Das Verhältnis der Christozentrik zur Theozentrik, Münster 31986. Zur Kontinuität von Jahweglauben und Christologie vgl. ders., Zwischen Jahweglauben und christologischem Dogma. Zu Position und Funktion der neutestamentlichen Exegese innerhalb der Theologie, in: TThZ 93(1984) 118-137.

anhangen, der in der Bibel nirgendwo vertreten wird[82] - vom transzendenten und gleichzeitig immanenten Gott und seinem Wirken in der Welt und in der Geschichte Israels, der Kirche und der Völker, wie auch im einzelnen Menschen sprechen will. Bei dieser Reflexion hätte das Reden Jesu von Gott als dem Einen[83] für Juden durchaus Bedeutung, aber für Christen eine normative Funktion; dies gilt auch für das Sprechen der neutestamentlichen Theologen vom Handeln Gottes durch und an Jesus. Nicht nur mancher Traktat der Christologie, auch Gebete und Lieder der Kirchen wären von dorther kritisch zu befragen.

Bei allem bleibt das Problem, ob man den christlichen Gottesglauben und den Glauben an Gott in Jesus Christus so wird formulieren können, daß die Christologie nicht automatisch "die Kehrseite des Antisemitismus" bleibt[84] und auf Kosten der Identität des jüdischen Glaubens formuliert wird. Der Blick in die sehr differenzierte und komplizierte Geschichte der Entfremdung und Abgrenzung zwischen Judentum und Christentum mag bewußt machen, wo die Möglichkeiten und Grenzen einer wirklich ökumenischen Theologie bei Juden und Christen liegen. Wir Christen haben dabei zu bedenken, daß jede Aussage über Jesus Christus eine Aussage über die Einzigartigkeit Gottes enthält, wie auch jede Aussage über Israel eine Aussage über die Kirche impliziert, und - was Christen oft ver-

[82] Vgl. C.Thoma, Christliche Theologie des Judentums, Aschaffenburg 1978, 184-196, ebd. 191.

[83] Vgl. H.Merklein, Die Einzigkeit Gottes als die sachliche Grundlage der Botschaft Jesu, in: JBTh 2(1987) 13-33.

[84] So die bekannte These von R.Ruether, Nächstenliebe und Brudermord, München 1978, 229. Zu einem gelungenen Entwurf einer Christologie, die nicht von dem traditionellen Antiverhältnis von Kirche und Synagoge ausgeht, vgl. P. von der Osten-Sacken, Grundzüge einer Theologie im christlich-jüdischen Gespräch, München 1982, sowie L.Volken, Jesus der Jude und das Jüdische im Christentum, Düsseldorf 1982, der den "Abschied vom Judentum" (48ff) jedoch viel zu früh ansetzt, da er das hellenistische Judentum zu wenig beachtet. Ähnliches gilt auch für das anregende Buch von L.Swidler, Der umstrittene Jesus, Stuttgart 1991; vgl. etwa die Seiten 33-37 zur eventuellen Präexistenz Christi und zur Logos-Theologie.

drängen -, daß jede Aussage über die Kirche auch eine Aussage über Israel enthält. Hier herrscht vielfach grobe semantische Fahrlässigkeit, wenn z.B. allenthalben in Büchern aller Gattungen dem christlichen Glauben der "Unglaube der Juden" entgegengestellt wird (ausführliche Belege erübrigen sich[85]), so als ob Israel nicht an das schöpferische Wirken Gottes in der Welt, in der Geschichte und durch Menschen glauben würde. Nur in der Partnerschaft mit dem Volke Israel können Christen an den Gott Israels glauben. Von allen neutestamentlichen Theologen hat diesen Gedanken kein anderer so deutlich formuliert wie Paulus am Ende seines Lebens im Römerbrief, am Ende eines langen Lernprozesses. Darauf sei abschließend kurz eingegangen.

3. Das Verhältnis von Israel und Kirche nach Paulus

Welche Phase im Leben des Paulus soll man zum Maßstab nehmen? Sicherlich nicht seine pharisäische und thorazentrische Zeit vor seiner Berufung zum Apostel Jesu Christi für die Heiden. Bis dahin war er ein Eiferer für das Gesetz, der bekanntlich soweit ging, daß er in der Tradition der Makkabäer und der Zeloten des 1.Jh.v.Chr. die

[85] Zur Rede von den "ungläubigen Juden" vgl. etwa U.Schnelle, Wandlungen im paulinischen Denken, Stuttgart 1989, 85, der ebd. 77 davon ausgeht, daß "das Heil von den Juden zu den Christen überging"; D.Zeller, Der Brief an die Römer, Regensburg 1985, 170, wo jedoch im engeren Kontext mögliche Mißverständnisse ausgeschlossen sind. Traditionsgeschichtlich undifferenziert setzt auch H.Merklein, Jesu Botschaft von der Gottesherrschaft, Stuttgart 1983, 137 schon in der Verkündigung Jesu auf seiten Israels ein "Unheilskollektiv" voraus, wonach Jesus mit Johannes dem Täufer "die 'anthropologische' Prämisse von der totalen Gerichtsverfallenheit Israels teilte"; hinsichtlich der Konzeption des Paulus, ebd. 167ff, geht er allzu einseitig von Röm 9,6b ("nicht alle aus Israel sind Israel") aus und sieht die Kontinuität des Christentums zu Israel lediglich im Rest Israels gesichert, der an Gottes Heilshandeln in Jesus Christus geglaubt hat. - Sollten Exegeten behaupten, daß sie beim Adjektiv "ungläubig" oder "Unheilskollektiv" selbstverständlich immer nur den christologisch akzentuierten Glauben meinen, Israel jedoch nicht den theo-logischen Glauben absprechen wollen, ließe sich mit diesem Argument auch die - Gott Dank! - gestrichene Karfreitags-Bitte für die "ungläubigen Juden" legitimieren.

Jahwegemeinde des Jesus von Nazareth verfolgte (vgl. Gal 1,13f; Apg 22,3f; 1 Kor 15,9; Phil 3,6). Paulus steht in der Tradition des Priesters Pinhas (vgl. Num 25,11), der auch von anderen jüdischen Theologen (vgl. Sir 45,23; 1 Makk 2,54) als vorbildhaftes Beispiel verstanden wurde, thorakritische, meist hellenistisch orientierte Juden zu bekämpfen.

Wie steht es mit der christozentrischen Phase des Paulus (vgl. Gal 1,15-2,21)? Kann sie insgesamt Maßstab für uns sein? Wohl ebenfalls nicht, da Stellen wie 1 Thess 2,14-16, Phil 3,2-6 und Gal 4,21-31 in ihrer Polemik gegen jüdischen Heilsanspruch durchaus mit den Konzeptionen des Matthäus und Johannes zu vergleichen sind. Da hinsichtlich des Verhältnisses der christlichen Kirche (aus Juden und Heiden) zur jüdischen Kirche Israel (aus Juden) bei Paulus eine deutliche "Kehrtwendung" innerhalb seiner Briefe[86] festzustellen ist, ist der jeweilige biographische und situative Ort des Sprechens zu beachten. Diese Kehrtwendung zeigt sich im Römerbrief, vor allem in Röm 9-11 sowie im deuteropaulinischen Epheserbrief (Eph 2,11-22). In der Literatur geht man seit einigen Jahren bei diesen und anderen Themen der paulinischen Theologie zu Recht von Entwicklungen bzw. Wandlungen im paulinischen Denken aus[87]. Dieser Ansatz ist jedoch noch viel zu individualistisch und innertextlich geprägt, er nimmt viel zu wenig die jeweilige Gesprächssituation ernst, was umgekehrt zur Folge haben müßte, daß der Text als Element einer konkreten Gesprächssituation mit einem bestimmten Aktionsziel zu verstehen wäre.[88]

[86] U.Wilckens, Der Brief an die Römer II, Zürich - Neukirchen 1980, 185.

[87] Zum Verhältnis Israel - Kirche bei Paulus vgl. G.Lüdemann, Paulus und das Judentum, München 1983; U.Schnelle, Wandlungen im paulinischen Denken, Stuttgart 1989; zu Israel ebd. 77-87.

[88] Zu einem solchen Textverständnis vgl. H.Frankemölle, Biblische Handlungsanweisungen. Beispiele pragmatischer Exegese, Mainz 1983. Zur Integration dieses Ansatzes in die traditionellen Methoden vgl. W.Egger, Methodenlehre zum Neuen Testament. Einführung in linguistische und historisch-kritische Methoden, Freiburg 21990.

Auch der Römerbrief bietet eine Theologie in Gesprächsform, jedoch fehlt ihm - und dies bedingt die Kehrtwendung des Paulus - die polemische Konfliktsituation mit Judenchristen und sonstigen jüdischen Gruppierungen, von denen alle anderen genannten Stellen bestimmt sind. Die Notwendigkeit zur polemischen Auseinandersetzung bestand für Paulus in Röm 9-11 nicht mehr, sie besteht auch heute nicht mehr. Daher ist - auch aufgrund der eigenen Glaubensüberzeugung - Sachkritik auch an polemischen Stellen im Neuen Testament zu üben. Nur dann hat das Verhältnis von Israel und Kirche in gegenseitiger Partnerschaft eine biblische Grundlage, wenn christliche Theologie "bereit ist, sich nicht nur von antijüdischen Tendenzen zu reinigen, sondern auch seine Traditionen von Anfang an kritisch zu prüfen. Man sollte auch nicht vor dem Neuen Testament zurückschrecken".[89] Mit der Rezeption der These vom ungekündigten Bund in den offiziellen Verlautbarungen der Kirchen (s.o.) werden die Impulse des Paulus aus Röm 9-11 nach 1945 in einer Kehrtwendung der Kirchen zu Recht aufgenommen.

Welche Grundgedanken stehen in Röm 9-11? Will man in fast unverantwortlicher Kürze einige nennen, sind für das vorliegende Thema sowie für das gegenwärtige Verhältnis von Israel und Kirche und für das Selbstverständnis der Kirche vielleicht primär folgende Aussagen festzuhalten:

1. Nach Röm 9,1-5 ist Israel weiterhin - Paulus spricht bewußt im Präsens! - das von Gott privilegierte Gottesvolk Israel trotz der Nichtannahme des Evangeliums von Gottes neuem Handeln in Jesus. Daraus folgt: Israel gehören weiterhin auch die Sohnschaft, die Herrlichkeit, die Bundesordnungen, das Gesetz, der Gottesdienst, die Verheißungen, die Väter, aus ihnen stammt dem Fleische nach Christus (9,4f)[90]. Noch klarer formuliert Paulus in Röm 11,2: "Gott hat sein Volk, das er einst auserwählte, nicht verstoßen", denn - so lautet die theologische Begründung in Röm 11,29: "Denn unwider-

[89] So D.Flusser, Thesen zur Entstehung des Christentums aus dem Judentum, in: ders., Bemerkungen eines Juden zur christlichen Theologie, München 1985, 94-102 (These 54); ähnlich ders., Schisma 239.

[90] Vgl. die Rezeption dieser Stelle im Vatikanum II; vgl. Rendtorff - Henrix 42.

ruflich sind die Gnadengaben und der Ruf Gottes". Zu Recht hat Papst Johannes Paul II. am 17. Nov. 1980 unter Rückbezug auf Röm 11,29 vor den Repräsentanten der jüdischen Gemeinde in Mainz vom "ungekündigten Bund" gesprochen.[91] Erstaunlich ist, daß der Papst mit Paulus nicht nur das Schisma im einen und einzigen Gottesvolk sieht, sondern daß er an erster Stelle aus dieser Situation die Notwendigkeit eines Dialoges innerhalb der christlichen Kirche betont, damit Christen eine der Schrift angemessene neue Identität gewinnen.

2. Die theozentrische Grundlage bei Paulus für die Einheit von Juden und Heiden, die in der eschatologischen Zeit zum Zion strömen, ist sein Glaube an den einen Gott. Die selbstgestellte Frage in Röm 3,29: "Ist denn Gott nur der Gott der Juden? Ist er nicht auch der Gott der Heiden?" beantwortet er gut jüdisch: "Gewiß doch, er ist auch der Gott der Heiden." Selbstverständlich kennt Paulus die exklusiven Zusagen Gottes an Israel in der Bundesformel "Ich will euer Gott sein, und ihr sollt mein Volk sein" (vgl. Ex 6,7; 2 Sam 7,24; Hos 1,9 u.a.), doch standen von Anfang an in Israel Erwählungstheologie und Schöpfungstheologie, Partikularismus und Universalismus in Spannung zueinander[92]. Der Glaube an Jahwe als den Gott der Heiden hob nie den Glauben an Jahwe als Gott Israels auf. Dies bedeutet heute: Christliche Identität muß so formuliert werden, daß sie nicht auf Kosten der jüdischen Identität und Existenz formuliert wird.

3. Wie das Verhältnis von Israel als Volk Gottes und Kirche als Volk Gottes in Jesus Christus zu denken ist, formuliert Paulus in der bekannten, nicht erst von den Heidenchristen in Rom wohl nicht rezipierten Ölbaummetapher in Röm 11,16-32. So sehr Paulus das Schisma im einen Gottesvolk bedrückt, er ist nicht ein Vertreter einer Enterbungs- bzw. Substitutionstheologie, wonach die Kirche an die Stelle Israels getreten ist. Auch wenn neutestamentliche, jüdisch

[91] Vgl. Rendtorff - Henrix 74-77, ebd. 75.

[92] Vgl. die Stichworte Partikularismus und Universalismus, Monotheismus, Gott, Schöpfung, in: J.J.Petuchowski - C.Thoma, Lexikon der christlich-jüdischen Begegnung, Freiburg 1989, bes. 277-280; zu einigen Modellen des Verhältnisses Israel - Völker vgl. W.Groß, YHWH und die Religionen der Nicht-Israeliten, in: ThQ 169(1989) 34-44.

denkende Theologen - wie Matthäus - in Fortführung der prophetischen Predigt in polemischer Situation derartiges zu denken vermochten[93], angesichts der Wirkungsgeschichte solcher Texte ist ihr unreflektiertes Weitersagen zumal nach dem Holocaust theologisch unverantwortlich. Aus der eigenen Situation heraus ist theologische Sachkritik - dies sei noch einmal betont - an einigen Konzeptionen im NT zu üben.

Für eine Enterbungs-Theologie Israels durch die Kirche kann man sich auf den Römerbrief nicht berufen, da nach dem Ölbaumgleichnis die Heiden als wilde Zweige dem edlen Ölbaum Israel aufgepfropft wurden; die Heiden erhielten nach Röm 11,17 "Anteil an der Wurzel und dem Saft des Ölbaums". "Das Bild ist seltsam", schreibt Kardinal Lustiger, "da es sagt: 'Der wilde Schößling ist auf den echten Ölbaum aufgepfropft'. Während der Gärtner doch immer das Gegenteil tut, einem wilden Stamm einen edlen Sprößling einpflanzt. Um aber die Beziehung zwischen den Heidenchristen und den Juden zu erklären, sagt Paulus: 'Ihr, die Heiden, seid ein wildes Schoß und als solches auf den edlen Ölbaum, die Juden, aufgepfropft und seid gemäß eurem Wesen Zweige des Baumes geworden'"[94] Nach Paulus hätte es also eine Israel-Vergessenheit in den christlichen Kirchen nie geben dürfen. Die Kirche kann demnach nicht anders verstanden werden denn als "Mitteilhaberin an der Wurzel" (vgl. Röm 11,17), sie stellt nicht ein neues, sondern "das erweiterte Volk Gottes dar, das zusammen mit Israel das eine Volk Gottes bildet" - auch wenn dies von nichtchristusgläubigen Juden so nicht geglaubt werden kann.[95]

Wenn das paulinische Ölbaumgleichnis stimmig ist, "dann lebt die Kirche weiterhin von Israel und kann Israel nicht entbehren, wenn sie

93 Daß man auch Matthäus deswegen nicht (parallel zu Johannes) antijüdisch interpretieren darf, dazu vgl. H.Frankemölle, Jahwe-Bund und Kirche Christi. Studien zur Form- und Traditionsgeschichte des "Evangeliums" nach Matthäus, Münster 21984; ders., "Pharisäsismus" in Judentum und Kirche. Zur Tradition und Redaktion in Matthäus 23, in: ders., Biblische Handlungsanweisungen. Beispiele pragmatischer Exegese, Mainz 1983, 133-190.

94 J.M.Lustiger, Wagt den Glauben, Einsiedeln 1986, 58.

95 F.Mußner, Traktat 24; vgl. Lustiger, aaO. 84.

nicht 'verwelken' will. Sie würde sich selber vom Wurzelstock abschneiden, wenn sie Israel vergessen würde."[96] Durch eine bessere Erfüllung des Willens Gottes durch die zu Israel strömenden Heiden sollten nach Röm 9,32f die nichtchristusgläubigen Juden "eifersüchtig" gemacht werden. Wir wissen, daß dies zur Zeit des Paulus faktisch von den Heidenchristen nicht eingelöst wurde, wir wissen ebenso, daß dies auch in der Folgezeit bis heute nicht geschah, wir wissen vielmehr, daß im Verlauf der fast 2000jährigen Kirchengeschichte die vom Juden Jesus gepredigte und vorgelebte Nächstenliebe Christen gerade gegenüber Juden nicht verwirklicht haben. Gerade diese Schuldgeschichte darf nicht Anlaß zur oft praktizierten Verdrängung des Jüdischen im Christlichen sein, da es vom NT und besonders von Paulus her nur eine jüdisch-christliche Identität für Christen geben kann. Mag - wie wir gesehen haben - die Entstehung des Christentums aus dem Judentum und seine Abgrenzung von der Mutterreligion aus historischen, sprachlichen und theologiegeschichtlichen Gründen verstehbar sein, die Christen haben keinen Grund, deswegen überheblich zu sein. Gegen eine solche Überheblichkeit der Christen aus den Völkern kämpft bereits Paulus im gesamten Römerbrief. Die Naturmetaphorik aus Röm 11,18 "Nicht du trägst die Wurzel, sondern die Wurzel trägt dich" ist unmißverständlich. Wir Christen aus den Heiden sind nur Kirche Gottes, weil wir in Israel als Kirche Gottes "eingepfropft" wurden und zwar einzig und allein durch das "Erbarmen" Gottes (vgl. 9,23; 11,30f; 15,9), das sich in Jesus Christus offenbarte.

Ähnlich unmißverständlich sind Bilder, die der Prophet Sacharja nach Rückkehr aus dem babylonischen Exil in einer fast ausweglosen Situation, aber voller Hoffnung auf eine fernere Zukunft formulierte: Zion ist der "Augapfel Jahwes" (2,12), den niemand antasten darf. Und von den Völkern heißt es (vgl. auch 2,15): "So spricht der Herr der Scharen: In jenen Tagen hängen sich zehn Männer aus Völkern aller Sprachen an den Kleiderzipfel eines Mannes aus Juda, um ihn festzuhalten, und sagen: Wir wollen mit euch gehen, denn wir haben gehört: Gott ist mit euch" (8,23).

[96] Mußner, aaO. 70.

Christliche Kirche kann ihre Identität nur behalten bzw. neu gewinnen, wenn sie sich bleibend eingepfropft weiß als wilder Schößling in den edlen Ölbaum Israel als Kirche Gottes und wenn sie den Kleiderzipfel des Mannes aus Juda nicht losläßt und mit ihm zusammen ihren Weg geht - in dem Glaubenswissen: Gott ist mit Israel und nur in dieser Partnerschaft auch mit uns.

Drei Nachbemerkungen

1. Wenn das Thema "Die Entstehung des Christentums aus dem Judentum" lautete, so ist die Wendung "Entstehung aus" zwar historisch und theologiegeschichtlich faktisch als ein Herauswachsen zu interpretieren, vom Anspruch des Ursprungs her jedoch im Sinne von bleibender Verwurzelung zu verstehen. Diese Dialektik ist analog zu den offiziellen Verlautbarungen der Kirchen von der neutestamentlichen Wissenschaft und von der Religionspädagogik ständig deutlich zu machen.

2. Hinsichtlich der Frage einer sachgemäßen Hermeneutik bei der Auslegung biblischer Stellen gilt es, jedes fundamentalistische Vorgehen von vornherein abzubiegen. Will man so etwas wie die "Mitte der ganzen Schrift" angeben, so wäre (s.o.) auf jene Wahrheit hinzuweisen, "die Gott um unseres Heiles willen in heiligen Schriften aufgezeichnet haben wollte", wie die Dogmatische Konstitution über die göttliche Offenbarung des II. Vatikanums (Nr.11) formuliert. Von dorther wäre die oben geforderte Sachkritik an israelkritischen Texten zu üben. Wohl keiner dürfte behaupten wollen, daß polemische Verformungen jene von Gott geoffenbarte Wahrheit enthalten. Im übrigen haben alle offiziellen Verlautbarungen der Kirchen durch den Rückgriff auf Röm 9-11 faktisch die schwierige, hermeneutische Frage geklärt, die sicherlich von wissenschaftlicher Theologie durchreflektiert und tiefer begründet werden muß.

3. Daß im übrigen die geltenden Richtlinien für den katholischen Religionsunterricht etwa im Gymnasium in der Sekundarstufe I die Behandlung des Verhältnisses von Juden- und Christentum in dem skizzierten, allein verantwortbaren Sinne intendieren, darauf sei zum Abschluß nachdrücklich hingewiesen. Für den im Kontext der "dritten

Curriculumeinheit: Klassen 9 und 10" angesiedelten "Problem- und Themenbereich" "Juden und Christen" weisen die Richtlinien für den katholischen Religionsunterricht in der Sekundarstufe I des Gymnasiums in NRW als Lernziel aus, daß die Schüler "wichtige Elemente des jüdischen Glaubens und Lebens kennenlernen und dabei auf die Verwurzelung des Christentums im Judentum aufmerksam werden".[97] Und in der "Didaktischen Beschreibung" einer entsprechenden Unterrichtsreihe wird verwiesen auf die notwendige Behandlung der "Auseinandersetzung des Urchristentums mit dem Judentum" vor allem etwa an Mt 27,20-26.[98] Letzteres ist aufgrund vorstehender Ausführungen nicht unproblematisch. Ein Hinweis auf Röm 9-11 oder das Stichwort vom ungekündigten Bund findet sich nicht.

Ob die Richtlinien für den katholischen Religionsunterricht in der gymnasialen Oberstufe in NRW das Verhältnis von Judentum und Christentum im Sinne der offiziellen Erklärungen der christlichen Kirchen behandeln, erscheint mir fraglich. In ihrer "Übersicht über mögliche Themen und Gegenstände" wird als Überschrift im Lernbereich II formuliert: "Die Frage nach der Vermittlung des Heils in Geschichte und Gemeinschaft: Von den vielgestaltigen Heilshoffnungen des Menschen bis zur Erfüllung in Jesus Christus und durch seine Kirche".[99] Die Formulierungen sind zumindest verräterisch. Die thematische Entfaltung der Aufbaukurse Theologie, Christologie, Ekklesiologie und Ethik wäre so durchzuführen, daß die unaufhebbare Verbundenheit der Kirche und die Treue Gottes zum Volk Israel unangetastet bliebe. Nachvollzogen werden kann die Verwurzelung der Kirche in Israel durch die Schüler - wenigstens im Ansatz - freilich

[97] Vorläufige Richtlinien und Lehrpläne für das Gymnasium - Sekundarstufe I in Nordrhein-Westfalen, Köln 1978, 104. Relativiert wird dieser Ansatz durch die Parallelisierung vom Judentum mit den anderen Weltreligionen, so daß dann doch das kognitive Element im Vordergrund steht und die jüdische Wurzel für das Christentum nivelliert wird. Zur Kritik vgl. auch Halbfas, Wurzelwerk 112, der von einer "Einebnung" spricht. - Für Hinweise auf didaktische Literatur danke ich meinem Assistenten, M.Karsten.

[98] Ebd.

[99] Richtlinien für die gymnasiale Oberstufe in Nordrhein-Westfalen. Katholische Religionslehre, Köln 1981, 35.

erst, wenn es gelingt, die Fremdheit zu überwinden, was die S I-Richtlinien auch deutlich sehen, wenn sie feststellen: "Die Schüler wissen kaum etwas aus eigener Erfahrung über das Judentum".[100] Diese Fremdheit wenigstens teilweise zu überwinden, sollte das religionspädagogische Bemühen kennzeichnen. Die konkrete Begegnung mit Formen und Spuren jüdischen Lebens vor Ort (Besuch einer Synagoge, Gespräch mit einem Kantor, einem Überlebenden des Holocaust u.a.) wäre ein erster Schritt zur Überwindung dieser Fremdheit, der auch der von Halbfas vorgeschlagenen Neuorientierung der Religionsdidaktik im regionaldidaktischen Sinne entspräche, dem die Erinnerungsarbeit an den biblischen Texten aber parallel gehen muß.[101]

"Macht euch auf den Weg, mit dem alles anfing, so spricht Jahwe. Befragt die Pfade eurer Urväter, welcher der Weg zum Glück ist - und den geht! So werdet ihr Geborgenheit und Heil für euch finden" (Jer 6,16). "Vamos Caminando. Machen wir uns auf den Weg!"[102], den Weg der eigenen Gemeinde, des eigenen Christseins. Dies nicht nach immer neuen pastoralen Plänen, sondern nach der Verheißung von Micha 4,2: "Er [Jahwe] wird uns seine Wege zeigen, auf seinen Pfaden wollen wir gehen. Denn von Zion kommt die Belehrung, aus Jerusalem kommt das Wort des Herrn", von der Tora Jahwes, die für Christen durch das sprachliche und nichtsprachliche Handeln Jesu von Nazareth neu interpretiert wurde.

[100] Richtlinien für S I 104.

[101] Vgl. Halbfas, Wurzelwerk 77-137.

[102] Equipo Pastoral de Bambamarca (Hrsg.), Vamos Caminando. Machen wir uns auf den Weg! Freiburg - Münster 31983; vgl. auch G.Gutierrez, Aus der eigenen Quelle trinken. Spiritualität der Befreiung, München - Mainz 1986.

Frühjudentum - Jesus - Urchristentum

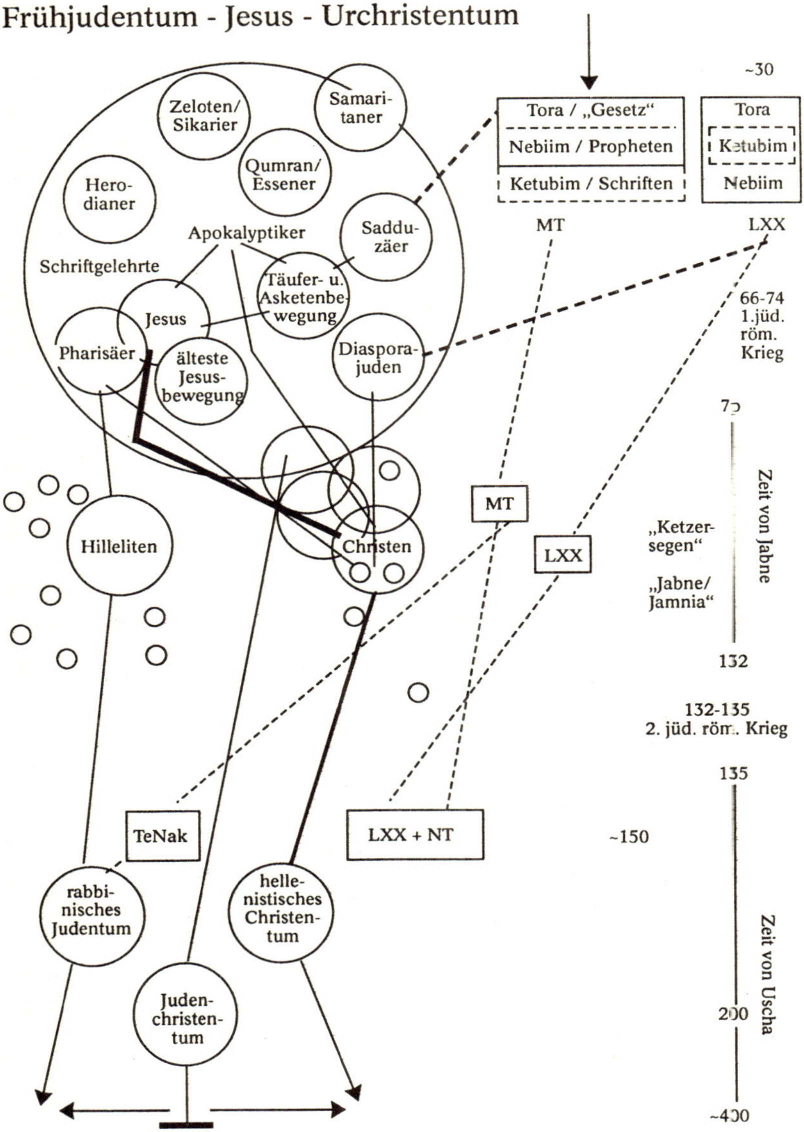

Zur Vielfalt der religiösen Erfahrungen im Judentum z.Z. Jesu

Christentum ist eine Richtung des Reformjudentums aufgrund des Glaubens an ein neues Handeln Gottes in und durch Jesus von Nazareth und aufgrund der von ihm initiierten neuen Lebenspraxis. Traditionsgeschichte wird verstanden als interaktionaler, handlungsorientierter Prozeß miteinander konkurrierender Lebensentwürfe. Bedingt war die Vielfalt u.a. durch folgende Faktoren:

1. Tora. Sind die Weisungen Gottes im sozialen, politischen und kultischen Bereich unveränderlich oder müssen sie auf die jeweilige Zeit übertragen werden?

2. Tempel. Muß das gesamte jüdische Leben kultisch-tempelorientiert sein oder kann es auch gottunmittelbar verstanden werden? Haben die Familie, die Synagoge und das Lehrhaus eine gleichwertige Bedeutung wie der Tempel?

3. Land. Wie eng ist die Verbindung von Religion und Land zu sehen? Wie können Diasoporajuden in Babylonien oder Italien darauf antworten?

4. Volk. Ist Israel allein Volk Gottes oder können Menschen aus den Völkern Mitglieder des Volkes Gottes sein - ohne vorher Juden werden zu müssen?

5. Heilige Schrift. Gehören zu ihr nur 22 Bücher (so Flavius Josephus) oder 24 (so 4 Esra) oder 45 Schriften (so das griechische Diasporajudentum)?

6. Römerherrschaft. Ist der Glaube an den einen Gott wirklich ein monotheistischer Glaube, wenn man ideologische Ansprüche gottähnlicher Art der römischen Kaiser anerkennt?

7. Gott. Ist er absolut transzendent oder auch immanent?

8. Herrschaft/Wirklichkeit Gottes. Nur in der Vergangenheit? Nur in der Zukunft? Auch in der Gegenwart? Wo erfahre ich sie (in der Schöpfung, im Menschen, im Kult, in solidarischer Praxis)?

9. Gegenwärtige Zeit. Ist sie ein böser Äon? Wirkt der Geist Gottes noch? Gibt es gegenwärtig Propheten?

10. Auferweckung. Im Tode? Universal am Ende der Zeiten? Im jetzigen Leben?

11. Menschliche Grunderfahrung. Ist der Mensch frei oder prädestiniert?

12. Leid. Zur Strafe, zur Erziehung, als Möglichkeit, daß Gott durch Jesus (vgl. Joh 9,1ff) verherrlicht wird?

13. Armut - Reichtum. Ist Reichtum Zeichen von Gottes Gnade?

14. Jesus von Nazareth als Messias. Ist er neben anderen Messias--Prätendenten (Mk 13,21f; Apg 5,36f) wirklich der endzeitlich erwartete, Gottes Friedensreich auf Erden verwirklichende Messias?

15. Jesus als Hypostase Gottes. Neigt Gott sich zur Welt hin und wirkt er in und durch Menschen (Propheten)? Ist eine Hypostase/-Wirkweise Gottes im Ereignis des ganzen Lebens Jesu personhaft konkret geworden?

Klemens Richter

UNVERZICHTBAR JÜDISCHES IN DER CHRISTLICHEN LITURGIE

1. Zur Bedeutung der Liturgie in einer jüdisch-christlichen Ökumene

Die Liturgie ist nach Aussage des II.Vatikanum innerhalb der Sendung der Kirche der "Höhepunkt, dem das Tun der Kirche zustrebt, und zugleich die Quelle, aus der all ihre Kraft strömt" (SC 10; vgl. LG 11), ein Tun der christlichen Gemeinde also, dessen "Wirksamkeit kein anderes Tun der Kirche an Rang und Maß erreicht" (SC 7). Und so sind die "Quellen, aus denen die Kirche lebt", erstens das "Wort Gottes" und zweitens "die heilige Liturgie".[1] Was hier für die katholische Kirche gesagt wird, gilt in gleichem Maße für die Kirchen des Ostens.[2] Und auch für die evangelische Kirche kann gesagt werden: "Eine Theologie, die die Liturgie vergäße, hätte sich selbst vergessen."[3]

Angesichts dieser Bedeutung der Liturgie, der Feier des Glaubens, für den christlichen Glauben wie das christliche Selbstverständnis überhaupt,[4] muß es erstaunen, daß der Ausdruck des Glaubens in der

[1] So der Teil B des Schlußdokuments der 2.Außerordentlichen Bischofssynode vom 10.12.1985: Kirche unter dem Wort Gottes feiert Christi Geheimnisse zum Heil der Welt, in: HerKorr 40 (1986) 40-48 (44).

[2] Vgl. A.Kallis, Theologie als Doxologie. Der Stellenwert der Liturgie in der orthodoxen Kirche und Theologie, in: K.Richter (Hg.), Liturgie - ein vergessenes Thema der Theologie? (QD 107), Freiburg/Basel/Wien ^{2}1987, 42-53.

[3] F.Merkel, Liturgie - ein vergessenes Thema evangelischer Theologie?, in: ebd. 33-41 (41).

[4] Grundlegende Aussagen zu einer christlichen Theologie der Liturgie: E.J.Lengeling, Liturgie - Dialog zwischen Gott und Mensch, hg. von K.Richter, Altenberge ^{2}1991; K.Richter, Die Liturgie - zentrales Thema der Theologie, in: Ders., Liturgie (s. Anm. 2) 9-27.

und durch die Liturgie bislang weder ein genügend reflektiertes Thema für das jüdisch-christliche Gespräch darstellt noch dazu geführt hat, die Herkunft und damit Abhängigkeit christlicher Liturgie von dem jüdischen Gottesdienst innerhalb christlicher Theologie in ausreichender Weise zu ergründen. Dabei zeigt "schon ein erster allgemeiner Überblick, daß der Gottesdienst der Christenheit in bemerkenswertem Umfang Gestaltungselemente des synagogalen Gottesdienstes aufgenommen und bewahrt hat. Freilich ist diese Erkenntnis im Bewußtsein der Gemeinde kaum lebendig; auch die liturgiewissenschaftliche Forschung hat sich nur beiläufig und zögernd und erst in neuester Zeit intensiver mit dem Einfluß der jüdischen Tradition befaßt", wie völlig zu Recht vor einigen Jahren der evangelische Liturgiker Frieder Schulz in einem Überblick über die Forschung dazu feststellt.[5]

Tatsächlich kann für die Zeit vor der NS-Herrschaft im deutschen Sprachgebiet kaum mehr als der katholische Orientalist und Liturgiewissenschaftler Anton Baumstark genannt werden, der in einem Überblick über die Entwicklung des römischen Ritus auch auf "Das Erbe der Synagoge" kurz eingeht.[6] "In den dreißiger Jahren wurde die wissenschaftliche Diskussion über die jüdischen Wurzeln des christlichen Gottesdienstes ausschließlich im außer-deutschen Sprachbereich geführt. Es hat sich dabei gezeigt, daß dem christlichen Gottesdienst weithin die vom Alten Testament geprägte Gottesdienstpraxis der Synagoge zugrunde liegt."[7]

Nach dem Holocaust ist es dann seitens der katholischen Liturgiewissenschaft Theodor Klauser, der erstmals, wenn auch knapp, zusammenstellt, was als jüdisches Erbe in christlicher Liturgie weitergewirkt hat.[8] Nach ihm sind folgende Elemente jüdischer Herkunft: der Kern des Wortgottesdienstes, also die doppelte Lesung, der

[5] F.Schulz, Die jüdischen Wurzeln des christlichen Gottesdienstes, in: JLH 28 (1984) 39-54 (40).

[6] A. Baumstark, Vom geschichtlichen Werden der Liturgie, Freiburg 1923, 13-21.

[7] F.Schulz (s. Anm. 5) 54.

[8] Th.Klauser, Kleine abendländische Liturgiegeschichte, Bonn 1965, 11-15.

dazwischen liegende Psalmengesang und die anschließende Predigt (aus der Sabbatmorgenfeier der Synagoge); die Grundstruktur des eucharistischen Hochgebetes (aus dem Lobgebet der jüdischen Mahlfeier und dem Lobpreis der Schöpfung und Erwählung im Sabbatmorgengottesdienst); das große Fürbittgebet (aus dem Achtzehngebet des synagogalen Gottesdienstes); die Siebentagewoche und die Feste im Jahreskreis, wobei nicht nur Ostern und Pfingsten im jüdischen Jahr verwurzelt sind;[9] die Martyrerverehrung; das Morgen- und Abendgebet (Laudes und Vesper) sowie letztlich auch die anderen Tagzeiten der Stundenliturgie; die Berechnung des liturgischen Tages von Abend zu Abend; die Doxologie am Ende eines jeden Gebetes; das Sanctus (nach der Qeduscha; Jes 6,3); liturgische Gemeindeakklamationen: Amen, Halleluja, Hosianna; die Handauflegung als eine der wichtigsten Gesten.

Dem können wir heute noch manche weiteren Bezüge beifügen, vor allem wäre auf die Neuordnung der Liturgie zu verweisen, etwa auf die Einfügung der Qiddusch-Gebete in die Gabenbereitung der Eucharistiefeier oder auf die Neuordnung der Liturgie am Karfreitag und in der Osternacht.

Nun ist hier nicht der Ort, über das Selbstverständnis jüdischer Liturgie zu sprechen. Aber im wesentlichen gilt für das Judentum das, was für das Christentum gesagt wurde. Schöpfung, Offenbarung und Erlösung sind die Grundkonstanten jüdischen Glaubens, die sich aus dem in der jüdischen Liturgie bekannten Glauben ergeben. So kann jüdischerseits gesagt werden: "Der Jude betet Theologie."[10] Was in der Liturgie zur Sprache kommt und ins Zeichen gesetzt wird, ist der Glaube selbst. Das gilt gleichermaßen für Juden wie Christen, so daß wir den Gottesdienst als ein wesentliches Element einer jüdisch-christ-

9 Vgl. J.J.Petuchowski, Feiertage des Herrn, Die Welt der jüdischen Feste und Bräuche, Freiburg/Basel/Wien ^{2}1987.

10 J.J.Petuchowski, Zur Theologie des jüdischen Gebetbuches, in: Anzeiger für die Seelsorge 91 (1982) 8; vgl. Ders., Die Liturgie als Thema der jüdischen Theologie, in: K.Richter, Liturgie (s.Anm.2) 32.

lichen Ökumene bezeichnen können.[11] Dabei läßt sich bei einer Untersuchung zentraler liturgischer Feiern leicht aufzeigen, daß es im Kern um das gleiche geht und daß auch die Strukturen liturgischen Betens die gleichen sind.[12]

Daß die Liturgie als ein wichtiges, wenn nicht gar als das zentrale Bindeglied im Selbstverständnis von Juden und Christen inzwischen erkannt ist, wird in den Verlautbarungen der Kirchen zunehmend deutlich. "Kirchliche Dokumente und Texte der letzten Jahre zum Verhältnis von Israel und Kirche sprechen vom Einfluß der jüdischen Liturgie auf die christliche, benennen Gemeinsamkeiten und Ähnlichkeiten zwischen beiden Liturgien und betonen die Bedeutung des Gemeinsamen im gottesdienstlichen Leben für das christlich-jüdische Gegenüber."[13] Besonders deutlich geschieht das katholischerseits in den 1985 veröffentlichten "Hinweise(n) für eine richtige Darstellung von Juden und Judentum in der Predigt und in der Katechese der katholischen Kirche" durch die Vatikanische Kommission für die religiösen Beziehungen zum Judentum: "Juden und Christen finden in der Bibel die ganze Substanz ihrer Liturgie: für die Verkündigung des Wortes Gottes, die Antwort auf dieses Wort, das Lobgebet und die Fürbitte für die Lebenden und für die Toten... Der Wortgottesdienst hat in seinem Aufbau seinen Ursprung im Judentum. Das Stundengebet und andere liturgische Texte und Formulare haben ihre Parallelen im Judentum genauso wie die Wendungen unserer verehrungswürdigen Gebete, darunter das Vaterunser. Die eucharistischen Gebete lehnen sich ebenfalls an Vorbilder der jüdischen Tradition an."[14]

Weiter wird auf die Feste im liturgischen Jahr verwiesen: "Christen und Juden feiern das Pascha: das Pascha der Geschichte, in der Span-

[11] K.Richter, Der Gottesdienst - wesentliches Element einer jüdisch-christlichen Ökumene, in: L.Hagemann/E.Pulsfort (Hg.), "Ihr alle aber seid Brüder" (FS A.Th.Khoury), Würzburg/Altenberge 1990, 53-78.

[12] Vgl. J.J.Petuchowski, Liturgie (s.An. 10).

[13] H.H.Henrix (Hg.), Jüdische Liturgie. Geschichte - Struktur - Wesen (QD 86), Freiburg/Basel/Wien 1979, 7.

[14] Nr. 23 und 24, in:; R.Rendtorff/H.H.Henrix (Hg.), Die Kirchen und das Judentum. Dokumente von 1945 bis 1985, Paderborn/München ^{2}1989, 101 f.

nung auf die Zukunft hin, bei den Juden; und im Tod und in der Auferstehung Christi vollendetes Pascha bei den Christen, wenn auch immer in der Erwartung der endgültigen Erfüllung. Auch das 'Gedächtnis', mit spezifischem, in jedem einzelnen Fall verschiedenem Inhalt, kommt aus der jüdischen Tradition zu uns. Es gibt also auf beiden Seiten eine vergleichbare Dynamik. Für die Christen gibt sie der Eucharistiefeier ihre Sinnrichtung...: Sie ist eine Paschafeier und als solche eine Aktualisierung der Vergangenheit, aber gelebt in der Erwartung, 'bis er kommt' (1 Kor 11,26)."[15]

Hier wird sinnvollerweise nicht über die jüdische Liturgie gesprochen, sondern die Abhängigkeit der christlichen von der jüdischen Liturgie klar gekennzeichnet. Und dies soll allen Katholiken auch in Predigt und Katechese nahegebracht werden.

Übrigens darf auch für die jüngsten liturgiewissenschaftlichen Veröffentlichungen festgestellt werden, daß zunehmend der jüdische Gottesdienst als eigentlicher Wurzelgrund christlicher Liturgie in den Blick kommt. Ein gutes Beispiel dafür ist das seit 1983 erscheinende Handbuch der Liturgiewissenschaft und damit das derzeit wichtigste publizistische Unternehmen zur Lehre vom Gottesdienst,[16] von dem inzwischen fünf der geplanten insgesamt neun Faszikel vorliegen.[17]

[15] Ebd.

[16] H.B.Meyer/H.Auf der Maur/B.Fischer/A.A.Häußling/B.Kleinheyer (Hg.), Gottesdienst der Kirche. Handbuch der Liturgiewissenschaft, Regensburg 1983 ff. (im folgenden zitiert: GdK).

[17] GdK 5: H.Auf der Maur, Feiern im Rhythmus der Zeit I. Herrenfeste in Woche und Jahr, 1983;
GdK 8: B.Kleinheyer/E.v.Severus/R.Kaczynski, Sakramentliche Feiern II. Ordinationen und Beauftragungen - Riten um Ehe und Familie - Feiern geistlicher Gemeinschaften - Die Sterbe- und Begräbnisliturgie - Die Benediktionen - Der Exorzismus, 1984;
GdK 3: R.Berger u.a., Gestalt des Gottesdienstes. Sprachliche und nichtsprachliche Ausdrucksformen. Gottesdienst als menschliche Ausdruckshandlung - Wort und Musik im Gottesdienst - Naturelemente und technische Mittel - Die liturgischen Geräte - Liturgische Gewänder und Insignien - Der gottesdienstliche Raum und seine Ausstattung, 1987;
GdK 7,1: B.Kleinheyer, Sakramentliche Feiern I. Die Feiern der Eingliederung in

2. Die jüdische Beraka - unverzichtbar für christliches Gottesdienstverständnis

Aus dem bisher Gesagten wird schon erkennbar, daß über christlichen Gottesdienst ohne Rückgriff auf seine jüdischen Wurzeln heute nicht mehr gesprochen werden kann. Dies ließe sich nun an vielen Einzelelementen wie auch an der Gesamtheit der liturgischen Feiern belegen. Mir scheint es sinnvoll, hier einen Aspekt herauszugreifen, der gewissermaßen alle christliche Liturgie durchzieht, ohne den sie nicht denkbar ist: die Gebetsstruktur der jüdischen Beraka.

Was das hebräische brk meint, ist nur unvollständig, wenn nicht gar mißverständlich mit dem Begriff Segen wiederzugeben, weil das deutsche Wort sehr viel eingeengter verstanden wird. So können wir zwar sagen: Gott segnet, doch dürfte es zumeist erstaunen, wenn gesagt wird: Der Mensch segnet Gott. Doch hat die Beraka genau diese Spannbreite an Bedeutungen, weil sie - entsprechend dem lateinischen benedicere und im deutschen benedeien - Gutes sagen, loben, preisen meint. Gott sagt Gutes zum Menschen und segnet ihn so; aber auch der Mensch kann Gutes zu Gott sagen, ihn auf diese Weise loben und eben auch segnen.

Es lassen sich drei Bedeutungsebenen der Beraka unterscheiden. Zunächst segnet Gott. Dieser Segen bezieht sich auf die Entfaltung und Entwicklung allen Lebens, wie es der erste Schöpfungsbericht erkennen läßt: "Gott segnete sie (Mann und Frau), und Gott sprach zu ihnen: Seid fruchtbar und vermehrt euch, bevölkert die Erde..." (Gen 1,28). Während es bezüglich des Geschaffenseins kein Mehr oder Weniger gibt, kann mehr oder weniger Segen empfangen werden. Der Segen Gottes bedeutet Gemeinschaft mit ihm, wie es der Auftrag Gottes an Mose belegt: "Sagt zu Aaron und seinen Söhnen: So sollt ihr die Israeliten segnen, sprecht zu ihnen: Der Herr segne dich und behüte dich. Der Herr lasse sein Angesicht über dich leuchten und sei dir gnädig. Der Herr wende sein Angesicht dir zu und schenke dir Heil. So sollen sie meinen Namen auf die Israeliten legen, und ich

die Kirche, 1989;
GdK 4: H.B.Meyer, Eucharistie. Geschichte, Theologie, Pastoral, 1989.

werde sie segnen" (Num 6,22-27).

Eine zweite Bedeutung: Der Mensch erfleht und vermittelt Segen. Selbst zum Segen geworden, darf er anderen Anteil daran geben. Die Patriarchen segnen ihre Söhne (Gen 27,23-29), Könige und Priester das Volk. Gemäß biblischer Auffassung vermag sich der Mensch in den Segensstrom, der von Gott ausgeht, einzuschalten und durch sein Gebet diesen anderen zuzuwenden.

Und dann eine dritte Bedeutung: Der Mensch segnet Gott. Neben der von Gott absteigenden Linie zum Menschen kennt die Schrift eine aufsteigende Bewegung des Segnens, die mit demselben Wort Beraka ausgedrückt wird. Der Mensch segnet Gott, indem er auf dessen Heilszusage mit Lob und Dank antwortet. Die Beraka von oben ruft nach der Beraka von unten. Der Knecht Abrahams, zur Brautschau für Isaak ausgesandt, wirft sich, von Staunen ergriffen, nieder und betet: "Gepriesen sei der Herr, der Gott meines Herrn Abraham, der es meinem Herrn nicht an Huld und Treue fehlen ließ. Der Herr hat mich geradewegs zum Haus des Bruders meines Herrn geführt" (Gen 24,27). In dieser Beraka, in der sich Gestus und Wort vereinen, anerkennt und bekennt der Diener Abrahams die Gegenwart und das gnädige Handeln Gottes.

So kommen in der Beraka zwei Aspekte vor allem zum Ausdruck: die Erfahrung der helfenden, lebenschenkenden Taten Gottes und die darauf antwortende Preisung Gottes durch den Menschen. Dies ist die Grundstruktur von Beraka, von Segnung und Gebet. Das rühmende Bekenntnis der Güte und Macht Gottes steht am Beginn; erst daran anschließend kann der Beter auch an sein Anliegen denken, nämlich daß sich Gott ihm auch weiter segnend zuwenden möge.

Neben solchen kurzen Berakot gibt es auch entfaltetere Formen, wie sie beim Synagogengottesdienst und bei Mahlzeiten Verwendung finden. Darin werden dann die Motive des Rühmens, das Gedenken der Taten Gottes (Anamnese), ausgebaut (vgl. das Gebet Salomons zur Errichtung des Tempels 1 Kön 8,14-62, Davids Dankgebet zum Tempelbau 1 Chr 29,10-21 oder das Sühnegebet zur Wiedererrichtung des Tempels Neh 9). Hier findet sich die liturgische Gebetsstruktur grundgelegt, die dann die Rabbinen für das Judentum und die Kirchenväter für das Christentum weiterführen.

2.1 Das Gemeinsame jüdischen und christlichen Betens

"Höre Israel! der Herr, unser Gott, der Herr ist einzig. Darum sollst du den Herrn, deinen Gott, lieben mit ganzem Herzen, mit ganzer Seele und mit ganzer Kraft." (Dtn 6,4-5) Dieses Glaubensbekenntnis Israels, das Sch`ma, das selbstverständlich auch Glaubensbekenntnis der Christen ist, wird im synagogalen Morgengottesdienst von Berakot, von Segenssprüchen, die den Glauben an Schöpfung, Offenbarung und Erlösung in hymnischer Form ausdrücken, eingerahmt. Die erste Beraka, das erste Segensgebet lautet: "Gelobt seist du, Ewiger, unser Gott, König der Welt, Bildner des Lichts und Schöpfer der Finsternis, Stifter des Friedens und Schöpfer des Alls, der in Barmherzigkeit das Licht leuchten läßt für die Erde und ihre Bewohner und der in seiner Güte jeden Tag beständig das Werk der Schöpfung erneut. Herr, wie groß sind deine Werke! (Ps 92,6). Sie alle hast du mit Weisheit geschaffen. Voll ist die Erde von deinen Gütern."[13]

Diese Gebetsform enthält eine einleitende und zumeist auch - wie in dieser Beraka - eine abschließende Segensformel: Gelobt, gepriesen seist du, Gott. Damit verbunden ist das Anrufen des Namens Gottes mit einer Aussage, einer Prädikation über Gott, in diesem Gebet: "Ewiger, unser Gott, König der Welt." Daran schließt sich mehr oder weniger entfaltet das Motiv des Lobes an, hier zunächst die Schöpfungstaten Gottes, wobei besonders das Licht hervorgehoben wird, das auch die abschließende Segensformel prägt. Das Motiv bildet den Kern, den Grund des Segnens und Preisens, das In-Erinnerung-Rufen eines Tuns Gottes (Anamnese). Dabei sind vor dem abschließenden Lobspruch Bitten (Epiklese) möglich, wenn auch nicht unbedingt erforderlich.

Als die Rabbinen im 3.Jahrhundert nach der Zeitenwende diese Grundform jüdischen Betens, wie sie die Schrift überliefert, noch genauer festlegen, äußerst sich nahezu zeitgleich der um 254 verstorbene bedeutendste Lehrer der frühen griechischen Kirche, Origenes, zur christlichen Gebetsstruktur: "Am Beginn des Gebetes muß

[18] Die Texte für das gottesdienstliche wie private Beten finden sich in hebräischer wie deutscher Sprache u.a. im Gebetbuch: Sidur Sefat Emet, Basel 1987.

man nach Kräften Gott preisen, durch Christus, der mit ihm gepriesen wird, im Heiligen Geist, der mit ihm verherrlicht wird." Danach soll jeder Dank sagen in Erinnerung an Gottes Wohltaten. Darauf folgt die Erkenntnis, daß wir Sünder sind. Und erst dann soll die Bitte um die himmlischen Güter stehen. "Das Gebet muß zum Abschluß kommen mit der Verherrlichung Gottes durch Christus im Heiligen Geist."[19]

Auch christliches Beten beginnt also mit einem Lobpreis Gottes. Darauf folgt die Anamnese, das Gedenken des Heilshandeln Gottes, an die dann die Bitten anschließen. Das Gebet endet mit einer Doxologie, einem trinitarischen Lobpreis Gottes, der sich an den Vater richtet durch den Mittler Christus im Heiligen Geist.

Diese Gebetsstruktur, die im Laufe der Geschichte christlichen Betens nicht immer so durchgehalten wurde, wird in der nachkonziliaren liturgischen Erneuerung zurückgewonnen. Ein schönes Beispiel dafür sind die Begleitgebete zur Gabenbereitung in der Eucharistiefeier, die sich auf Brot und Wein beziehen: "Gepriesen bist du, Herr, unser Gott, Schöpfer der Welt. Du schenkst uns das Brot (den Wein), die Frucht der Erde (des Weinstocks) und der menschlichen Arbeit. Wir bringen dieses Brot (diesen Kelch) vor dein Angesicht, damit es uns das Brot des Lebens (damit er uns der Kelch des Heiles) werde. Gepriesen bist du in Ewigkeit, Herr, unser Gott."

Hier ist alles enthalten, was eine jüdische Beraka ausmacht. Der Judaist Clemens Thoma schreibt dazu: "Mit christlich theologischen Augen betrachtet ist dieser Text eine Bestätigung und Bekräftigung des jüdischen Tischgebetes... Wir bewegen uns im alttestamentlich-jüdischen Rahmen, nicht außerhalb desselben. In Christus treten wir gläubig und erwartend ein in die besondere Gemeinschaft mit Gott und befinden uns vor dem einen Gott zu gemeinschaftlichem Tun. In Christus bekennen wir uns zur ganzen - auch zur außerchristlichen - Gottesgeschichte. Wir nehmen an ihr Teil, wir vergegenwärtigen sie uns. Sie ist uns in Christus anwesend und zusammengefaßt, ähnlich wie sie unseren jüdischen Brüdern und Schwestern ohne Christusbekenntnis - ja unter betonter Ablehnung des Christusbekenntnisses -

[19] Origenes, De oratione, cap. 33.

gegenwärtig ist."[20] Zudem wird mit diesem Begleitgebet die Eucharistie in der Schöpfungstheologie verankert. Die deutliche Hinwendung zur Schöpfung in der Liturgiereform, erkennbar vor allem in den eucharistischen Hochgebeten,[21] kann durchaus als eine Hinwendung zur jüdischen Gottesdienstauffassung verstanden werden.

2.2 Das Unterscheidende jüdischen und christlichen Betens

Besonders Paulus bestätigt, daß sich das Gebet der frühen Christenheit an der jüdischen Beraka orientiert. In 1 Tim 4,4-5 heißt es: "Denn alles, was Gott geschaffen hat, ist gut, und nichts ist verwerflich, wenn es mit Dank genossen wird; es wird geheiligt durch Gottes Wort und durch das Gebet." Doch zeigt sich hier schon eine leichte Akzentverlagerung vom Lob zum Dank, denn zunehmend wird Beraka statt mit Eulogia (Lobgebet) mit Eucharistia (Dankgebet) übersetzt.

Entscheidender aber für die Entwicklung von der jüdischen zur christlichen Liturgie ist, daß die die Gebete abschließenden Doxologien nun zumeist auch Christus miteinbeziehen. Das muß nicht immer so sein, wie wir am Beispiel der Begleitgebete zur Gabenbereitung sehen können, die allein Gott preisen. Die aus dem Alten Testament und aus jüdischem Glauben überlieferten Texte ohne trinitarische Ausprägungen werden also durchaus beibehalten, so etwa Offb 7,12: "Amen, Lob und Herrlichkeit, Weisheit und Dank, Ehre und Macht und Stärke unserem Gott in alle Ewigkeit. Amen." Zumeist wird aber die Doxologie - so wie in unseren Orationen heute zumeist - durch Christus an den Vater gerichtet: "Er (Gott), der durch die Macht, die in uns wirkt, unendlich viel mehr tun kann, als wir erbitten oder uns ausdenken können, er werde verherrlicht durch die Kirche und durch Christus Jesus in allen Generationen, für ewige Zeiten. Amen" (Eph 3,2O-21). Hier wird die Kirche als der Ort beschrieben, an dem Gott verherrlicht wird. Möglicherweise liegt darin der Grund, daß die

[20] C.Thoma, Die jüdische Liturgie und die Kirchen, in: Henrix (s. Anm. 13) 135.

[21] M.Probst, Das Schöpfungsmotiv im eucharistischen Hochgebet, in:; LJ 81 (1981) 129-144.

Verlagerung vom (jüdischen) Lob zum (christlichen) Dank erfolgt, der Schritt von der Eulogia zur Eucharistia getan wird, weil Gott durch Christus in der Kirche schon wirkt, weil sie das Sakrament der Gegenwart Gottes in der Welt ist.

Die Struktur der Beraka gilt für alle großen christlichen Segensgebete, so etwa für die Weihe des Taufwassers, die Weihe der heiligen Öle, die Ordinationsgebete und selbstverständlich vor allem für die Eucharistiegebete. Alle haben eine zutiefst eucharistische, danksagende Prägung, die das Lob Gottes mitenthält.

Zwar finden sich darin auch Bitten, doch stehen diese stets in einem engen Zusammenhang mit der Danksagung - Lobpreisung, aus der sie hervorgehen. Und eigentlich müßten alle zentralen christlichen Gebete diese jüdisch-christliche Beraka-Struktur aufweisen.

2.3 Bedeutungsänderungen der christlichen Gebetsstruktur

War die Gebetsstruktur der frühen Kirche noch ganz der jüdischen Beraka verpflichtet, kommt es seit Beginn des Mittelalters zu Bedeutungsveränderungen. So finden sich Akzentverlagerungen nicht nur vom Lobpreis zum Dank, sondern zunehmend zur Bitte, weiter von den Lebensvorgängen zu den Dingen, und es kommt zu einer konsekratorischen und exorzistischen Tendenz.[22]

Vom Lobpreis zur Bitte: Das gottlobende Element der Gebete tritt in den Hintergrund, während die Bitte, die sich ursprünglich aus dem Gotteslob ergab, vorherrscht. Derartige Gebete sind dann oft nur noch Bittgebete. Als Beispiel dafür mag ein Tischgebet aus dem 7.Jahrhundert stehen: "Segne, Herr, deine Gaben, die wir von deiner Güte genießen werden. Durch Christus..." Die Änderung ist deutlich: Die Bitte um Gottes Segen erfolgt, ohne daß ihr ein Dank, geschweige

[22] Vgl. u.a. J.Baumgartner (Hg.), Gläubiger Umgang mit der Welt. Die Segnungen der Kirche, Einsiedeln u.a. 1976, 75-81; A.Gerhards/H.Becker, Mit allem Segen seines Geistes gesegnet. Zur theologischen Bestimmung der Benediktionen, in: A.Heinz/H.Rennings (Hg.), Heute segnen. Werkbuch zum Benediktionale, Freiburg/Basel/Wien ²1990, 15-32.

denn ein Lob Gottes für die Gaben der Schöpfung vorausginge. Insgesamt tritt der Schöpfungsgedanke in der westlichen Liturgie - ganz anders übrigens die Kirchen des Ostens! - zurück. Das Eucharistiegebet der römischen Kirche, der römische Kanon, erwähnt die Schöpfung nicht mehr und steht damit eigentlich auch nicht mehr in der Tradition, die von der jüdischen Beraka herkommt.

Von den Lebensvorgängen zu den Dingen: Ursprünglich bezieht sich die Bitte um den Segen Gottes auf die Geschöpfe, vornehmlich auf den Menschen. Werden Früchte und Blumen gesegnet, dann geht es dabei nicht um diese Dinge an sich, sondern um deren rechten Gebrauch, um deren Beziehung zum Menschen. So wird beim Mahl nicht die Speise gesegnet, sondern durch das Gebet soll das Mahl als Vollzug erscheinen, durch den Gott selbst geehrt wird. Doch zunehmend kommt es hier zu einer Verschiebung: Es geht nicht mehr zuerst um den rechten Gebrauch und damit um den Menschen, sondern um die Dinge selbst. So werden etwa liturgische Gebrauchsgegenstände gesegnet, die sogenannten Sachbenediktionen nehmen zu.

Konsekratorische Tendenz: Zunehmend werden die gewöhnlichen Dinge des Alltags durch Konsekration, durch Segnungen aus dem profanen in einen sakralen Bereich überführt. Sachen werden ausgesondert und als Träger übernatürlicher Kräfte betrachtet.

Exorzistische Tendenz: Exorzistische Formeln sollen die Dinge dem Bösen entziehen und in den Einflußbereich Gottes versetzen. Derartige Sachbeschwörungen gehen nun davon aus, daß die Schöpfung nicht grundsätzlich gut ist und zunächst von der Macht des Bösen befreit werden müsse. So hieß es noch bis zum Konzil in der Taufwasserweihe: "Weithin weiche von hier auf dein Machtwort, o Herr, jeder unreine Geist, weithin fliehe die ganze Bosheit teuflischen Truges. Keine Stätte sei hier für die Einmischung der feindlichen Macht: Sie kreise nicht lauernd umher, sie schleiche nicht heimlich heran, mit ihrem Pesthauch verderbe sie nicht! Dies Geschöpf (das Wasser), heilig und schuldlos, sei frei von jeder Nachstellung des Feindes und gereinigt durch das Weichen jeglicher Bosheit."

Die Akzentverlagerung christlichen Betens ist unverkennbar: Während ursprünglich der Heilstaten Gottes gedacht, Gott dafür gelobt und gedankt wird, woran sich Bitten anschließen, steht nunmehr die

Bitte im Vordergrund, die sich zudem nicht mehr ausschließlich auf den Menschen bezieht, sondern zunächst das Böse vertreiben will, um die Dinge für Gott in Besitz nehmen zu können.

Erst die nachkonziliare Liturgiereform hat in den Segens- und Weihegebeten den Versuch unternommen, die Dimension der jüdischen Beraka und ihre Struktur zurückzugewinnen.[23]

3. Jüdisches Nachtisch- und christliches Eucharistiegebet

3.1 Die jüdische Mahlstruktur

Wir wissen nicht mit letzter Sicherheit, ob das Mahl Jesu ein Paschamahl oder ein jüdisches Festmahl war, wie es am Sabbat oder bei anderen festlichen Gelegenheiten gehalten wurde. In der Grundstruktur gab es allerdings keine erheblichen Unterschiede. Nach einem ersten Teil, der der Begrüßung der Gäste und dem Genuß der Nebengerichte vorbehalten war, folgte in einem zweiten Abschnitt das eigentliche Sättigungsmahl, darauf dann als dritter und abschließender Teil der Nachtisch mit Weingenuß und Tischgespräch.

Am Beginn des Haupt- oder Sättigungsmahles nahm der Hausvater bzw. Vorsteher der Tischgemeinschaft das Brot und sprach darüber die Beraka, deren Wortlaut das Begleitgebet zur Gabenbereitung in der erneuerten Meßfeier wieder aufnimmt: "Gepriesen seist du, Herr, unser Gott, König der Welt, der Brot aus der Erde hervorgehen läßt" bzw. beim Paschamahl: "...der uns geheiligt hat durch seine Gebote und uns ungesäuertes Brot zu essen gegeben hat." Nach dem bestätigenden Amen aller brachte der Hausvater das Brot und reichte allen ein Stück. Dazu sprach Jesus - so die Meinung der meisten Forscher heute - das deutende Wort: "Nehmt, das ist mein Leib" (Mk 14,22). Damit war dann das eigentliche Mahl eröffnet.[24]

Die Struktur wird deutlich: Am Beginn steht ein Brotritus mit

[23] Vgl. Benediktionale. Studienausgabe für die katholischen Bistümer des deutschen Sprachgebietes, Einsiedeln u.a. 1979.

[24] Vgl. dazu H.B.Meyer, Eucharistie. Geschichte, Theologie, Pastoral (GdK 4), Regensburg 1989, 64-68.

Lobgebet, Zuteilung an die Tischgenossen und Genuß. Nach dem Mahl spricht der Hausvater über einen Becher Wein das Nachtischgebet (birkat ha mazon), worauf alle trinken. Jesus mag das Reichen des Bechers mit dem Deutewort "Das ist mein Blut, das Blut des Bundes, das für viele vergossen wird" (Mk 14,24) verbunden haben.

Diese Mahlstruktur ermöglicht die spätere Abwandlung der Herrenmahlfeier, indem die beiden rituellen Handlungen - Brot- wie Becherritus - aus dem Ablauf des Sättigungsmahles herausgelöst und unmittelbar miteinander verbunden werden. So entsteht ein auf das Sättigungsmahl folgendes, stilisiertes, aber doch als Mahl erkennbares Geschehen, das in einer späteren Entwicklung vom Sättigungsmahl vollkommen getrennt wird.

Jesu Abendmahlsworte und -handlungen lassen sich vom jüdischen Mahlbrauch her verstehen. Von daher kann auch gefolgert werden, daß die dabei gesprochenen Gebete in ihrer Grundstruktur auf die sich herausbildende christliche Eucharistiefeier Einfluß haben, ja diese nach Struktur und Inhalt prägen. Und da im Herrenmahl der christlichen Gemeinde das Eucharistiegebet Hauptträger des vergegenwärtigenden Gedenkens ist - der in Wort und Zeichenhandlung entfalteten Christusanamnese, durch die sein Tod und seine Auferstehung verkündet und gepriesen werden, bis er wiederkommt -, macht es Sinn, diese prägenden jüdischen Gebete zu beachten. Und das gilt ganz besonders für das Nachtischgebet aus der häuslichen Mahlfeier, das Jesus zwar nicht unverändert übernommen, sondern in einer freieren Formulierung verwendet haben wird.

3.2 Vom jüdischen Nachtischgebet zum Eucharistiegebet

Dieses Nachtischgebet hat vier Abschnitte, von denen die beiden letzten in dieser Form wohl nicht aus der Zeit Jesu stammen. Der erste Teil besteht in einem Lob für die Schöpfung: "Gepriesen seist du, Herr, unser Gott, König der Welt, der die Welt ernährt in Güte, Wohlwollen und Erbarmen. Gepriesen seist du, Herr, der alles ernährt."[25] Dieser Lobpreis weitet sich auch zu einer kosmischen Rühmung, besonders aber für die Gabe des Lebens aus.

Teil 2 dankt für die Großtaten Gottes in der Heilsgeschichte, wobei die Gabe des Landes der Verheißung im Mittelpunkt steht: "Wir danken dir, Herr, unser Gott, daß du uns ein liebenswertes Land zum Erbe gegeben hast, damit wir von seinen Früchten essen und uns sättigen an deinen Gütern. Gepriesen seist du, Herr, für das Land und die Nahrung." In diesem Abschnitt konnte zu bestimmten Festtagen auch anderer Heilstaten Gottes gedacht werden durch Einschübe (Embolismen), so der Gabe des Bundes und der Tora. Es handelt sich also um eine Beraka, die die gesamte Heilsgeschichte in den Blick nehmen kann.

Während diese beiden ersten Teile der Großtaten Gottes, der Schöpfung und Geschichte gedenken (Anamnese, Memoria), also Gott loben (1.Teil) und ihm danken (2.Teil), ist der dritte Abschnitt Bitte (Epiklese) darum, daß Gottes Heilshandeln an seinem Volk weitergehen möge: "Hab Erbarmen, Herr, unser Gott, mit Deinem Volk Israel, deiner Stadt Jerusalem, mit Zion, der Wohnstätte deiner Herrlichkeit, mit deinem Altar und deinem Tempel. Gepriesen seist du, Herr, der du Jerusalem erbaust." Diese Bitte bildet gewissermaßen ein Gegengewicht zu Lob und Dank. Da die Gemeinschaft das, was der Segen ausspricht, noch nicht voll besitzt, da eine Kluft zwischen Verheißung und Erfüllung besteht, braucht es die eschatologische Bitte um Erfüllung der Heilszusage.

Der vierte und letzte Teil besteht in einer Doxologie: Lobpreis und Dank beschließen das Nachtischgebet, das damit zum Beginn zurückkehrt und so vom Lob Gottes am Anfang und Ende zusammengeschlossen wird.

"Bei diesem Nachtischgebet steht allerdings die Danksagung, die dem christlichen Eucharistiegebet, ja der ganzen Feier den Namen geben wird, erst an zweiter Stelle. Darin deutet sich schon an, daß die frühe Kirche jüdische Vorbilder nicht einfach übernommen, sondern, ausgehend von der Stiftung Jesu, neu interpretiert und umgestaltet hat. Denn sonst hätte es näher gelegen, den für die jüdische Gebetstradi-

[25] Den Gebetstext vgl. H.B.Meyer (s. Anm. 24) 67.

tion zentralen Gedanken des Lobpreises (beraka, eulogia) formal an den Anfang und inhaltlich in den Mittelpunkt zu stellen. Das ist nicht geschehen."[26] Und weiter ist davon auszugehen, daß Jesus in den zweiten Abschnitt eingefügt hat, was ihm wichtig erschien als Botschaft seines Wirkens. Die christliche Gemeinde hat dann in ihrer Herrenmahlfeier jene Christusanamnese ausgebaut, das Gedächtnis des Handelns Gottes in Jesus Christus immer stärker herausgestellt. Wie sehr aber zunächst das zentrale Beten beim eucharistischen Mahl dem jüdischen Ursprung nahe war, zeigt die Didache, die ein Mahlgebet aus der Wende zum 1.Jahrhundert enthält, das bei aller Vorsicht wohl doch heute als Eucharistiegebet einer judenchristlichen Gemeinde betrachtet werden kann.[27]

Den ersten Text eines eucharistischen Hochgebetes der römischen Kirche überliefert uns Hippolyt in seiner um das Jahr 215 entstandenen "Apostolischen Überlieferung".[28] Es ist nicht nur als Glaubenszeugnis der alten Kirche bedeutsam, sondern prägt auch den Glauben der Gemeinde heute, weil es die Vorlage zum zweiten Hochgebet im neuen römischen und damit auch deutschen Meßbuch bildet. Es zeigt einmal, daß die Strukturelemente der jüdischen Beraka die Herausbildung christlicher Hochgebete bestimmt haben, und es steht zudem ganz in der Gebetstradition des Neuen Testamentes sowie der frühen Kirche. Es ist ein Beispiel dafür, wie das mehrgliedrige jüdische Gebetsschema zu einem durchgehenden Christusgedächtnis (Anamnese) mit anschließender Bitte (Epiklese) umgeformt wurde.

Wird es mit den vier Abschnitten des jüdischen Nachtischgebetes verglichen, so zeigt sich, daß der erste Teil - das Lob der Schöpfung - im Hochgebet Hippolyts fehlt, während es in der Didachae noch deutlich vorhanden war. Der zweite Teil des jüdischen Mahlgebetes dankt für die Großtaten Gottes in der Heilsgeschichte. Dieser Dank ist bei Hippolyt vorhanden, bezieht sich aber ausschließlich auf das Heilshandeln Gottes in Jesus Christus, das in das Gedächtnis des Abendmahls mit den Einsetzungsworten mündet.

[26] H.B.Meyer (s. Anm. 24) 67.

[27] H.B.Meyer (s. Anm. 24) 91-94.

[28] H.B.Meyer (s. Anm. 24) 104-107.

Der dritte Teil des jüdischen Nachtischgebetes besteht in der Bitte darum, daß Gottes Heilshandeln weitergehen möge. Diese Epiklese besteht im Anrufen Gottes über die Gaben und die versammelte Gemeinde, damit sein Geist beide wandele - die Gaben und die Gemeinde, denn die Gemeinde soll durch den Empfang der verwandelten Gaben eins werden und mit Heiligem Geist erfüllt sein. Die Bitte um die Verwandlung der Gaben zielt also auf die Verwandlung der Gemeinde, damit sie Christus ähnlicher werde und so durch Christus im Heiligen Geist zum Vater gelangen kann.

Der vierte Teil des jüdischen Mahlgebetes, die Doxologie, der Lobpreis, beschließt auch das Eucharistiegebet, nun selbstverständlich als trinitarischer Lobpreis, dem noch hinzugefügt wird: "in deiner heiligen Kirche". Die Gemeinde bestätigt die Gültigkeit dieses Betens des Vorstehers durch ihr "Amen".

Das dreigliedrige jüdische Schema Lob und Dank - Bitte - Lob ist beim Eucharistiegebet Hippolyts umgeformt in Dank (Anamnese mit Einsetzungsworten) - Bitte (Epiklese) - Lob (Doxologie). Das ist die Grundform aller kirchlichen Hochgebete bis heute.

4. Christliche Liturgie als Bestätigung jüdischen Betens

Daß christliche Liturgie eine Bestätigung jüdischen Betens ist, läßt sich nicht nur, aber besonders an der Eucharistiefeier verdeutlichen. Christliche Liturgie versteht sich immer als Feier des Pascha-Mysteriums, als Feier des Heilshandelns Gottes an uns durch Jesus Christus in der österlichen Heilstat Christi, "seinem Leiden, seiner Auferstehung von den Toten und seiner glorreichen Himmelfahrt. In diesem Mysterium hat er durch sein Sterben unseren Tod überwunden und das Leben in der Auferstehung wieder hergestellt" (SC 5). Alles liturgische Tun ist auf dieses Pascha-Mysterium hingeordnet, das im Leben der Gemeinde und in der Liturgie gegenwärtig bleibt durch Christus selbst. Von daher können wir von einem Wochen-Pascha, der Herrenmahlfeier am Sonntag, von einem Tages-Pascha, der Stundenliturgie an den Wochentagen, und von einem Jahres-Pascha, der Feier der österlichen drei Tage sprechen.

So sehr das Christen und Juden voneinander unterscheidet, so gibt es doch auch wichtige Verbindungslinien. Israel feiert im Pascha den Exodus, in der Herausführung durch seinen Gott aus Ägypten das Urdatum der eigenen Geschichte.[29] Zugleich wird aber in dieser vergangenen Heilstat die darin angekündigte Verheißung auf die eschatologische Erfüllung gefeiert. "Für die jüdische Theologie umschließt also das Pessach Vergangenheit, Gegenwart und Zukunft. Die vergangene wie die zukünftige Heilstat Gottes wird für die Feiernden zur gegenwärtigenden Heilstat... Das Heil der Vergangenheit wird durch seine liturgische Darstellung zum gegenwärtigen Heil."[30] So ist auch die heutige jüdische Pessach-Feier ein Zikkaron, ein Gedächtnis dieser göttlichen Heilstat (Ex 12,14). Und ebenso ist die christliche Osterfeier ein Zikkaron, Anamnese, Memoriale, Gedächtnis des einmal geschehenen, Erweis des gegenwärtigen und Kennzeichen des zukünftigen Heils. Dabei handelt es sich nicht nur um das Gedächtnis der Heilstat Gottes in Jesus Christus, sondern auch um das Gedächtnis der Exoduswirklichkeit, ohne die das Osterereignis nicht zu denken wäre.[31]

Christliche Liturgie "überbietet" also nicht die jüdische, wie dies eine frühere Theologie und Katechese behauptete, sondern bestätigt und bekräftigt sie. Eine solche Ausdrucksweise entspricht auch unserer Erkenntnis, daß der Bund Gottes mit Israel nicht einfach durch einen neuen in Christus ersetzt wurde, sondern daß die Heilszusage Gottes, daß sein Treueversprechen an Israel nicht zurückgenommen ist.

Dazu gehört aber auch der sorgsame Umgang mit christlichen Gebetstexten. So darf christliches Beten nicht dem jüdischen Schittuf-Verdacht unterliegen, also keine Verdunkelung des Monotheismus beinhalten.[32] Jede Schlußformel eines Gebetes, die nicht klar erken-

[29] Vgl. u.a. E.Zenger, Das Buch Exodus, Düsseldorf 1978.

[30] H.Haag, Vom alten zum neuen Pascha, Stuttgart 1971, 115.

[31] Die christliche Osterfeier nimmt aber auch wesentliche Bezüge des höchsten jüdischen Festtages Jom Kippur auf. Vgl. K.Richter, Ostern als Fest der Versöhnung, in: H.Heinz/K.Kienzler/J.J.Petuchowski (Hg.), Versöhnung in der jüdischen und christlichen Liturgie (QD 124), Freiburg/Basel/Wien 1990, 56-87.

[32] Vgl. C.Thoma (s.Anm. 20) 128-130.

nen läßt, daß sich christliches Beten auf den einen Gott bezieht, ist im Kern auch nicht christlich. Um das ganz deutlich herauszustellen, lautet die Doxologie der Benediktiner auf dem Jerusalemer Zionsberg, in der Dormitio-Abtei, nicht wie sonst üblich: "Ehre sei dem Vater und dem Sohn und dem Heiligen Geist. Wie im Anfang, so auch jetzt und alle Zeit und in Ewigkeit", sondern: "Ehre sei dem Vater und dem Sohn und dem Heiligen Geist, dem einen Gott von Ewigkeit zu Ewigkeit. Amen."

Hier stellt sich auch die Frage des Adressaten liturgischen Betens. Gerade die römische Liturgie hält in der Frühzeit - und das gilt für die eucharistischen Hochgebete und die meisten Orationen der Meßfeier bis heute - daran fest, daß die im Namen der Gemeinde gesprochenen Präsidialgebete an Gott gerichtet sind, "weil alle Liturgie im letzten auf ihn zielt, während Christus der Mittler zwischen dem Vater und den Menschen ist, der eigentliche Träger der Liturgie, durch den wir Zugang zum Vater haben... In der Mittlerformel, dem Gebetsabschluß, kommt die liturgische Gebetsrichtung zum Ausdruck: Durch Christus, mit ihm und in ihm, wenden wir uns im Heiligen Geist an den Vater."[33]

Die Beschäftigung mit der Herkunft christlicher Liturgie kann auch ein Impuls für die innerchristliche Ökumene sein. "Wir dürfen uns heute fragen, ob die jetzt getrennten Christen nicht, in erneuerter Sympathie für ihre jüdischen Ursprünge, gemeinsam ihre wahren Wurzeln wiederentdeckend, zu ihrer Einheit in Christus zurückfinden müßten, als der Fülle des Glaubens und Betens Abrahams, Moses und der Propheten."[34]

Wenn wir die Erneuerung katholischer Liturgie nach dem II.Vatikanum betrachten, dann ist diese auch als eine Verdeutlichung der gemeinsamen jüdisch-christlichen Überlieferung zu verstehen.[35] Das gilt für die Wiedergewinnung der Dimensionen der Schöpfung und

[33] K.Richter, Höre unser Gebet. Betrachtungen zu den Orationen der Sonntage und Hochfeste des Herrn, Mainz 1988, 13 f.

[34] L.Boyer, Von der jüdischen zur christlichen Liturgie, in: IKaZ 7 (1978) 519.

[35] Vgl. dazu die Schwerpunkte der Neuordnung des Meßbuchs bei B.Fischer, Vom Missale Pius'V. zum Missale Pauls VI., in: LJ 26 (1976) 4-18.

der Eschatologie. Und wenn wir in der erneuerten Liturgie von einer Hinwendung zum Heiligen Geist sprechen können, dann ist damit ein Schritt bezeichnet, der wegführt von einem in der Vergangenheit nicht selten ans Magische grenzende Mißverständnis kultischer Handlungen hin zu einem Liturgieverständnis, das dem der jüdischen Beraka entspricht: durch Erinnerung an die Offenbarung und Heilstaten Gottes glaubendes Hoffen auf die erneute Zuwendung Gottes zu seinem Volk hier und heute bis ans Ende der Zeiten. Schöpfung, Offenbarung und Erlösung sind Grundkonstanten jüdischer wie christlicher Liturgie.

Weiter kommt hinzu, daß die Doxologie, der Lobpreis Gottes, Juden und Christen miteinander verbindet. Deutlich herausgestellt werden muß zudem, daß die Gemeinde wieder in ihr Amt eingesetzt worden ist, daß sie Träger der Liturgie ist[36] - ganz ähnlich der Synagogengemeinde -, unbeschadet des presbyteralen Amtes in der Kirche.

So darf heute sicherlich dankbar bekannt werden: "Jede gottesdienstliche Versammlung der christlichen Gemeinde mit ihrem Gebet, Lobpreis und Bekenntnis kann so ein Ausdruck der Verbundenheit mit den Juden sein, frei vom Abwehren, Aufrechnen, Anbiedern und Preisgeben."[37]

[36] Vgl. u.a. K.Richter, Liturgie - Gottesdienst der Gemeinde, in: H.Erharter/H.-M. Rauter (Hg.), Liturgie zwischen Mystik und Politik, Wien 1991, 9-28.

[37] F.Schulz (s. Anm. 5) 54.

Herbert Vorgrimler

ISRAEL UND KIRCHE VOR DEM GEMEINSAMEN BUNDESGOTT

Systematisch-theologische Perspektiven

Für Martin Rese

In Symposien und mehr noch in der umfangreichen Literatur, sei sie nun exegetischer und systematischer Natur[1], eher religionspädagogisch[2] oder historisch[3] orientiert oder handle es sich um Samm-

[1] Genannt seien unter vielen wichtigen Titeln: P. Antes u.a., Christen und Juden. Ein notwendiger Dialog, Hannover 1988; Sch. Ben-Chorin, Weil wir Brüder sind. Zum christlich-jüdischen Dialog heute, Gerlingen 1988; N. Lohfink, Der niemals gekündigte Bund. Exegetische Gedanken zum christlich-jüdischen Gespräch, Freiburg 1989; F. Mußner, Dieses Geschlecht wird nicht vergehen. Judentum und Kirche, Freiburg 1991; M. Marcus - E.W. Stegemann - E. Zenger (Hrsg.), Israel und Kirche heute (Festschrift für E.L. Ehrlich), Freiburg 1991. Relevant sind in diesem Zusammenhang auch die Neuentdeckungen des Juden Jesus, z.B. F.-W. Marquardt, Das christliche Bekenntnis zu Jesus dem Juden, Bd. I, München 1990, Bd. II 1991. Die Zeitschrift "Kirche und Israel" unter der verantwortlichen Schriftleiterschaft E. Zengers erscheint 1991 im 6. Jahrgang! Eine Pflichtlektüre für alle Religionslehrerinnen und -lehrer ist m.E.: E. Zenger, Das Erste Testament, Düsseldorf 1991.

[2] Vgl. die Bemühungen von W. Trutwin, G. Biemer und P. Fiedler; auch St. Leimgruber, Von der Verketzerung zum Dialog. Darstellung und Behandlung der Juden im christlichen Religionsunterricht, in: Zeitschr. f. Kath. Theol. 112 (1990) 288-303 (Lit.!).

[3] E. Weinzierl (Hrsg.), Christen und Juden in Offenbarung und kirchlichen Erklärungen vom Urchristentum bis zur Gegenwart, Wien 1988; H. Schreckenberg, Die christlichen Adversus-Judaeos-Texte (11.-13. Jahrhundert). Mit einer Ikonographie des Judenthemas bis zum 4. Laterankonzil, Frankfurt-Bern 1989;

lungen offizieller Stimmen zum jüdisch-christlichen Verhältnis[4], bei all diesen Anlässen fehlen die Stimmen nicht, die da bezeugen, eigentlich sei es noch nicht die Zeit des Redens und viel mehr sei es immer noch die Zeit des Schweigens in Trauer und Buße. Immer noch und für viele weitere Jahrzehnte steht über allen Begegnungen von Christen mit Juden und über allen Beschäftigungen des Christentums mit dem Judentum der Satz Elie Wiesels: "Der nachdenkliche Christ weiß, daß in Auschwitz nicht das jüdische Volk gestorben ist, sondern das Christentum"[5].

In dieser Situation mutet es seltsam an, wenn von engagierten Partnern dieses Dialogs, ja sogar in amtlichen Papieren von einer "Ökumene" von Juden und Christen und, noch forscher, von einer "Weggemeinschaft" beider gesprochen wird. Es gebe nur *eine* tatsächlich große ökumenische Frage, die Beziehungen der Christen zum Judentum, sagte Karl Barth[6], ein Christ und Theologe, der mehr als andere in deutscher Sprache so etwas sagen durfte. Nach allgemein angenommenem Verständnis bedeuten ökumenische Bemühungen mehr als die Versuche, einander in der Unterschiedlichkeit zu verstehen, mehr als die Herausarbeitung von Gemeinsamkeiten, mehr als Dialog. Sie tendieren nach der Definition einer Einheit in Verschiedenheit, wobei die Einheit auch von strukturellen und institutionellen Elementen gestützt wird. Erst auf der Grundlage einer solchen Einheit ließe sich von "Weggemeinschaft" sprechen. Nach den Möglichkeiten und Grenzen einer solchen Ökumene soll hier gefragt werden. Aus

H. Frohnhofen (Hrsg.), Christlicher Antijudaismus und jüdischer Antipaganismus. Ihre Motive und Hintergründe in den ersten drei Jahrhunderten, Hamburg 1990; J. van Amersfoort - J. van Oort (Hrsg.), Juden und Christen in der Antike, Kampen 1991.

4 K. Richter (Hrsg.), Die katholische Kirche und das Judentum, mit Kommentaren von E.L. Ehrlich und E. Zenger, Freiburg 1982; R. Rendtorff - H.H. Henrix (Hrsg.), Die Kirche und das Judentum. Dokumente von 1945-1985, Paderborn 1988.

5 R. McAfee Brown, Elie Wiesel. Zeuge für die Menschheit, Freiburg 1990, 184.

6 B. Klappert, Israel und die Kirche. Erwägungen zur Israellehre Karl Barths, München 1980, 76.

den innerchristlichen ökumenischen Anstrengungen ist bekannt, daß es bei jeder Gemeinschaft nicht nur Wesentliches und Unverzichtbares und neben ihm Vertrautes und gleichwohl Entbehrliches gibt, sondern auch offenkundige Irrtümer, Fehlentwicklungen und infolgedessen die Pflicht zu Selbstkorrektur und Wachsamkeit. Auch auf die Gefahr hin, daß ich längst Bekanntes wiederhole, muß ich zuerst die grundlegenden Irrtümer benennen, die auf christlicher Seite zu dem entsetzlichen Schuldigwerden an den Juden geführt haben, vor dem wir heute sprachlos stehen.

I.

Der Antisemitismus, der mit dem Versuch einer "Endlösung" nicht zu Ende war, sondern bei uns, in andern europäischen Ländern, bei arabischen und russischen Christen, bei polnischen Katholiken weiterlebt, ist auch bei noch so entgleisten Demagogen und Kriminellen nicht denkbar ohne den christlichen, theologischen, genauer gesagt ekklesiologischen Antisemitismus. Bertold Klappert, der große Verdienste um die Erklärung der Synode der Rheinischen Kirche 1980 zum Verhältnis von Kirche und Judentum hat, stellt in seiner Schrift "Israel und die Kirche"[7] Modelle zur Verhältnisbestimmung von Israel und Kirche kritisch dar. Ich bin nicht ganz davon überzeugt, ob die unterschiedlichen Positionen eine solche Anzahl von Modellen rechtfertigen, wie Klappert sie konstruiert, aber ich halte es für unverzichtbar, die wichtigsten und folgenreichsten von ihnen in aller Kürze in Erinnerung zu rufen.

Die erste Gruppe von Modellen besteht aus theologischen Theorien, mit denen die besondere Position Israels in der Geschichte Gottes mit der Menschheit bekämpft und aus christlichen Köpfen verbannt werden soll. An erster Stelle nennt Klappert das *Substitutionsmodell*. Israel sei wegen der Nichtannahme der Botschaft Jesu und wegen seines Kreuzes unter den Zorn und das Gericht Gottes geraten; es habe seither keine Sonderstellung in der Heilsgeschichte mehr; als

[7] Ebd. Ich folge im einzelnen dem 1. Teil Klapperts.

Volk habe es keine Zukunft vor Gott mehr. Nur noch die Rechtfertigung und Rettung einzelner Juden sei denkbar. Jetzt, d.h. seit der Kreuzigung Jesu, sei die Kirche das Gottesvolk, die "heilsgeschichtliche Nachfolgeorganisation Israels".

In vermeintlicher Berücksichtigung der Kapitel 9-11 des Römerbriefs variierte man diese Substitutionsvorstellung zu einem *Integrationsmodell:* Die aus dem Judentum gewonnenen Jünger und Jüngerinnen stellten das erwählte Rest-Israel dar. Es wird in die neu entstandene Kirche integriert, die damit, wie man meint, als Ekklesia aus Juden und Heiden das alte Israel ersetze. Ein drittes, das *Typologiemodell,* kann mit Substitutions- und Integrationsvorstellungen vereinbart werden. Es besagt, Israel, das Volk Gottes, seine Geschichte, Institutionen und hervorragenden Personen, sei Typos, Vorausbild, der Kirche und des durch die Kirche endgültig in die Welt gekommenen und vergegenwärtigten Heils. Israels Dignität ist auch bei dieser Vorstellung zu Ende, auch wenn die Vorstufe mit wichtigen Elementen in das Eigentliche aufgenommen und darin "aufgehoben" ist: bloße Vorstufe bleibt bloße Vorstufe. Man muß mit großer Trauer sagen, daß diese Sicht in den Dokumenten des II. Vaticanums dominiert, sowohl in der Erklärung über das Verhältnis der Kirche zu den nichtchristlichen Religionen - wo hinein das Judentum ohnehin nicht gehörte und gehört! - als auch in der dogmatischen Konstitution über die göttliche Offenbarung.

Die, wie Klappert sagt, wirkungsgeschichtlich bedeutendste und verheerendste Vorstellung ist im *Illustrationsmodell* enthalten. Hier wird Israel als negative Illustration, als dunkler Hintergrund zur umso helleren Darstellung der Kirche mißbraucht. Eine vielsagende Formulierung dieser antisemitischen Theorie bietet Ernst Käsemann in seiner Römerbriefexegese: in und mit Israel wird der "verborgene Jude" in uns allen getroffen, der Mensch, der Recht und Forderungen gegenüber Gott geltend macht und insofern der Illusion statt Gott dient[8]. Zweifellos ist die Versuchung, diesem verhängnisvollen Zerrbild zu erliegen, auf evangelischesr Seite dort besonders groß, wo im Gefolge Luthers Gesetz und Evangelium gegeneinander ausgespielt werden.

8 Ebd. 20.

Der Vorwurf einer nicht sachgemäßen, voreingenommenen und unbelehrbaren Exegese trifft eine Reihe evangelischer Neutestamentler, von Bultmann angefangen bis zu dem in Münster lehrenden Günter Klein.

Es gibt nun aber auch Modelle, in denen sich die Wahrnehmung kondensiert, daß Israel in besonderer Weise von Gott erwählt ist, d.h. daß diese besondere Erwählung für alle Zeit gilt.

Das *Komplementärmodell* sieht in Israel und der Kirche zwei solidarische, dialogische, koexistierende, proexistierende, sich gegenseitig infragestellende, sich im eschatologischen Hoffnungshorizont anstachelnde Größen, wie Klappert treffend formuliert. Es gibt ein paar markante Eckdaten dieses Komplementärmodells: Israel lebt im nie gekündigten Gottesbund. Das Nebeneinander von Israel und Kirche ist von Gott selber gewollt. Daher gehört Israel eben nicht zu den nichtchristlichen Religionen.

Auf katholischer Seite ist diese Sicht, soviel wir wissen, erstmals in Frankreich 1953 von Paul Démann vorgetragen worden[9], und 1973 haben sich die französischen Bischöfe in einem Text, aus dem ich später noch zitieren möchte, in diesem Sinn geäußert. Ich finde allerdings den Begriff "Komplementärmodell" bei Klappert nicht gut. Hier ergänzt sich nichts, wenn auch Gemeinsamkeiten der beiden Größen zu konstatieren sind und die theologische Selbstauslegung jüdischer Existenz für Christen relevant ist und bleibt. Ich würde eher "Koexistenzmodell" sagen.

In einem gutgemeinten *Repräsentanzmodell* wird das judenchristliche Rest-Israel als Platzhalter für ganz Israel, werden die zur Erwählung Israel hinzuberufenen Heidenvölker als Platzhalter für das synagogale Mehrheits-Israel aufgefaßt: wo, wenn man die Leiden bedenkt, die Israel durch die Kirche zugefügt wurden, wo, wenn man die Schändungen bedenkt, die Israel, dem "Augapfel Gottes", durch Christen zugefügt wurden, war da eine Platzhaltung?

Theologisch umfassender, das Koexistenzmodell einbegreifend, ist das *Partizipations- oder Dependenzmodell,* das besagt, daß die Hei-

[9] Näheres dazu bei J. Kirchberg, Theo-logie in der Anrede als Weg zur Verständigung zwischen Juden und Christen, Innsbruck 1991, 58-64.

denchristen, beispielsweise also wir heutigen europäischen Christen, von der Erwählung Israels bleibend abhängen. Wir wurden dadurch mit dieser Erwählung verbunden, daß Jesus dem Gottesbund Israels durch Beschneidung und Glaube angehörte und diesen Bund in der Praxis seines Lebens und Sterbens erfüllte. Die an Jesus Christus hängenden Völker werden in dieser Sicht nicht durch den Noachbund (Gen 9) zu Gott gerettet, sondern - mit dem Leitbild der prophetisch angesagten Völkerwallfahrt zum Zion - durch Einfügung in die partikular-universale Eschatologie Israels. Das Verhältnis von Israel und Kirche läßt sich nach diesem Dependenzmodell also so skizzieren: Es gibt nur *ein* Volk Gottes, das zuerst-berufene. Durch das Versöhnungsgeschehen in dem und durch den Juden Jesus von Nazaret ist bewirkt und durch seine Auferweckung von den Toten von Gott bekräftigt und bestätigt, daß die Christen aus den Heidenvölkern zu diesem erstberufenen Gottesvolk hinzukommen können. Das verbindende Element ist das erwählende Erbarmen Gottes. In ihm sind Israels Ursprung und Hoffnung begründet, nur auf ein und dasselbe erwählende Erbarmen kann die christliche Kirche hoffen.

Klappert umschreibt diese Verhältnisbestimmung auch mit dem einprägsamen Wort: "israelgeschichtliche Verwurzelung der Kirche"[10]. Die Formel wird von ihm selber christologisch präzisiert: Wir Heidenchristen werden durch die Geschichte Jesu Christi Miterben der Verheißung. Die in der Kirche gesammelten Heidenchristen setzen durch falsche Interpretationsmodelle ihren Weg zu Gott aufs Spiel: "Wissen die Heiden nicht, daß sie in der Völkerwallfahrt zum Zion an der Heilsgeschichte Gottes für Israel und den Kosmos teilhaben sollen, dann verfehlen sie auch die Einzigkeit des Gottes Israels"[11].

[10] B. Klappert, Miterben der Verheißung, in: Festschrift für E.L. Ehrlich 1991 (s. Anm. 1), 72-109, hier 78.

[11] Ebd. 88.

II.

Der Systematiker kann nur eben kurz darauf hinweisen, wie solid dieses Dependenzmodell durch die Bemühungen der Exegeten vor allem in den letzten 25 Jahren gestützt und vielseitig unterbaut worden ist. Auf evangelischer Seite ist vor allem die unermüdliche Kleinarbeit von Martin Rese zu nennen[12], der sich mit Verfechtern israelabwertender Modelle wie E. Gräßer[13], O. Hofius[14] und G. Klein[15] auseinandersetzte. Katholischerseits verdienen die immer neuen Bemühungen von Franz Mußner[16] eine besondere Hervorhebung. Aber beide sind zum Glück nicht allein.

In Reses Abhandlungen zum Römerbrief wird eindeutig herausge-

[12] M. Rese, Die Vorzüge Israels in Röm. 9,4f. und Eph. 2,12. Exegetische Anmerkungen zum Thema Kirche und Israel, in: Theol. Zeitschr. (Basel) 31 (1975) 211-222; ders., Die Rolle Israels im apokalyptischen Denken des Paulus, in J. Lambrecht u.a. (Hrsg.), L'Apocalypse johannique et l'Apocalyptique dans le Nouveau Testament, Leuven 1980, 311-318; ders., Die Rettung der Juden nach Römer 11, in: A. Vanhoye (Hrsg.), L'Apôtre Paul, Leuven 1988, 422-430; ders., Israel und Kirche in Römer 9, in: New Test. Stud. 34 (1988) 208-217; ders., Israels Unwissen und Ungehorsam und die Verkündigung des Glaubens durch Paulus in Römer 10, in: D.-A. Koch u.a. (Hrsg.), Jesu Rede von Gott und ihre Nachgeschichte im frühen Christentum (Festschrift für W. Marxsen), Gütersloh 1989, 252-266; ders., Church and Israel in the Deuteropauline Letters, in: Scott. Journ. of Theol. 43 (1990) 19-32; ders., "Die Juden" im lukanischen Doppelwerk, in: C. Bußmann - W. Radl (Hrsg.), Der Treue Gottes trauen (Festschrift für G. Schneider), Freiburg 1991, 61-79. - B. Klappert (s. Anm. 10) 1991 beruft sich ausdrücklich auf M. Rese, außerdem auf F. Mußner, K.H. Miskotte und K. Stendhal: a.a.O. 89.

[13] Unter anderem: E. Gräßer, Der Alte Bund im Neuen. Exegetische Studien zur Israelfrage im Neuen Testament, Tübingen 1985.

[14] O. Hofius, Das Evangelium und Israel. Erwägungen zu Römer 9-11, in: Zeitschr. für Theol. u. Kirche 83 (1986) 297-324.

[15] Unter anderem: G. Klein, "Christlicher Antijudaismus". Bemerkungen zu einem semantischen Einschüchterungsversuch, in: Zeitschr. für Theol. u. Kirche 79 (1982) 411-450.

[16] Vgl. als Zusammenfassung seiner zahlreichen Veröffentlichungen sein Buch von 1991 (s.o. Anm. 1).

arbeitet: Auch das nicht an Jesus Christus glaubende Israel bleibt immer noch von Gott berufen; seine Privilegien sind nicht angetastet; das Wort Gottes ist nicht "hingefallen", Gott hat sein Volk nicht verstoßen. Der Unglaube Israels gegenüber Jesus wird von Paulus entschuldigend erklärt; Israels Nichtverstehen wird von Paulus auf Gott zurückgeführt; der Ungehorsam ist "eine Folge dessen, was Gott selber bewirkt hat"[17]. Gegen diejenigen, die gegen einen von Gott vorgesehenen "Sonderweg" Israels zum Heil polemisieren, weist Rese präzise nach: Bei der Rettung Israels (ganz Israels!) geht es nicht um ein Heil, das einzig und allein durch (den Glauben an) Jesus Christus ermöglicht wird; schon allein wegen des von Paulus genannten Zeitpunkts für die Rettung der nicht an Jesus glaubenden Mehrheit der Juden denkt Paulus eben gerade an einen "Sonderweg" zu deren Heil[18].

In der Schule Anton Vögtles wurde der Nachweis geführt, wie das "jüdischste" der Evangelien, das des Matthäus, im Lauf seiner Auslegungsgeschichte zu einem "antijüdischen" umgefälscht wurde: Aus dem Widerstand gegen bestimmte, zum Judentum zurücktendierende Kreise wurde eine Verwerfung des ganzen Judentums. Aus dem Heilsangebot an Nichtjuden wurde der Heilsbesitz der Heidenchristen; Heilsanwärter aus dem Heidentum wurden - unter Enterbung Israels - zu Heilserben gemacht. Die von der prophetischen Rede her wohlbekannten drastischen Gerichtsandrohungen wurden zu Verdammungsurteilen definitiver Natur umgedeutet. Die Antithesen der Bergpredigt wurden in Anspruch genommen, um polemisch und verurteilend eine angeblich neue Liebesethik Jesu gegen die angeblich freudlose, leistungsüberfordernde Gesetzesethik des Judentums auszuspielen. Die Polemik gegen Schriftgelehrte und Pharisäer sei eine akkurate Beschreibung des Zustands des Judentums zur Zeit Jesu, so wie überhaupt die Vorwürfe gegen Pharisäer stets zu solchen gegen die Juden insgesamt umgefälscht wurden. Das offensichtlich zur Schonung der römischsen Obrigkeit eingefügte, so entsetzlich folgenreiche Blutwort (Mt 27,25) wurde zu einer Selbstverfluchung des ganzen

[17] M. Rese (Anm. 12) 1988, 213; 1989, 253.263f. Das Zitat ebd. 264.

[18] M. Rese 1986, 430.

jüdischen Volkes entstellt und damit auch zum Freibrief für Verfolgungen gemacht[19].

Wie Bertold Klappert gezeigt hat, dessen Aufmerksamkeit ähnlich wie bei Martin Rese, wenn auch kürzer, den Privilegien Israels nach dem Römer- und Epheserbrief galt[20], hat Jesus nicht die Tora abgetan, sondern die in Einzelverordnungen bestehenden Tora-Gebote, die Juden und Heiden trennen. In seiner Lebenshingabe am Kreuz wurde der Friede der Nahen und der Fernen gegründet, eine Aussage, die nicht die immer schon von Gott her ermöglichte Versöhnung der Menschen mit Gott meint, sondern den Frieden jener Nahen und Fernen, die die Juden und die Heiden sind. Diese Versöhnung hebt aber die von Gott gesetzte heilsgeschichtliche Unterscheidung zwischen Israel und der Völkerwelt nicht auf, eine Unterscheidung, die nicht Trennung bedeuten muß. Israel behält seinen Vorrang und seinen Ehrennamen. Wenn den Heidenvölkern die Möglichkeit eröffnet wurde, am Bund Gottes mit Israel teilzuhaben, dann bleibt Israel im erneuerten Bund jedenfalls der innere Kreis, und der Zion bleibt das Zentrum - ich darf hinzufügen: und nicht Rom, Konstantinopel, Moskau oder Genf.

Nimmt man das Ergebnis dieser nur knapp umrissenen Anstrengungen um die Grundurkunden des christlichen Glaubens ernst - es handelt sich noch nicht einmal um eine Aufarbeitung der leidbelasteten antijüdischen Kirchengeschichte, sondern um die immer wieder mit apriorischen Vorurteilen mißbrauchten Texte -, dann kann sich daraus nur der *Impuls* ergeben, jede Rede über das Verhältnis von Kirche und Israel daraufhin zu überprüfen, ob Israel der ihm von Gott gegebene erste Rang in der Heilsgeschichte abgesprochen, das Judentum als abgetane Religion erklärt, die Kirche als Erbin und Nachfolgerin Israels behauptet wird. Das ist fürs erste nur ein negativ-kritischer, aber ein immer noch bitter notwendiger Impuls.

[19] H. Gollinger, Heil für die Heiden - Unheil für die Juden?, in: Festschrift für E.L. Ehrlich 1991 (s. Anm. 1) 201-211. Ich folge Hildegard Gollingers Zusammenschau 207 fast wörtlich.

[20] B. Klappert, in: Festschrift für E.L. Ehrlich (s. Anm. 1) 90-109.

III.

Die theologische Systematik hat immer auch auf positive Formulierungen hinzuarbeiten und dabei amtliche Äußerungen wahrzunehmen. Recht generell und pauschal gesprochen möchte ich drei Verhaltensweisen unterscheiden, die sich speziell für katholische Theologie nahelegen: a) zum einen gibt es religiös-theologische Aussagen, die aufgrund der eben dargelegten Besinnung zu revidieren sind; b) zum andern gibt es religiös-theologische Aussagen, die wesentlich und zentral die eigene Identität betreffen und die daher um keinen Preis revidiert oder aufgegeben werden können; c) zum dritten gibt es religiös-theologische Aussagen, die als Ergebnis historischer Prozesse eine zeitbedingte, vorläufige Gestalt haben und die im Dialog präzisiert und interpretierend neu übersetzt werden können.

Aus dem Bereich dessen, was in der katholischen Theologie und Kirche heute angesichts der Wahrnehmung des Judentums wirklich revidiert werden muß, im Sinn nicht nur der Neuformulierung, sondern auch im Sinn der Aufgabe früherer Positionen, möchte ich die *Ekklesiologie* nennen. Die Lehre von der Kirche ist in der katholischen Theologie nicht "fertig". Wenn man sich die Stichworte vergegenwärtigt, mit denen die Ekklesiologie von den Anfängen an wiedergegeben wurde, wird einem der Wandel deutlich, tritt aber auch die Wandlungsfähigkeit ins Bewußtsein. Von den paulinischen und deuteropaulinischen Aussagen über den Leib Christi aus wurde die Kirche in einer Zeit des ekklesiologischen Triumphalismus als "fortlebender Christus" aufgefaßt. In der Hypertrophie institutioneller Elemente galt die Kirche als "societas perfecta" und infolgedessen, wiederum in Verkennung essentieller Unterschiede, als "Reich Gottes auf Erden". Das II. Vaticanum hat den ernsthaften Versuch gemacht, diese überzogene Selbsteinschätzung der Kirche zurückzunehmen, etwa durch die Anwendung des werkzeuglichen Sakramentsbegriffs auf die Kirche, die sich von Gott in den Dienst an der Einheit der Menschheit genommen sähe. Aber auch in dieser Bescheidung kann noch zu viel Anspruch, zu wenig Einordnung in geschehene Geschichte enthalten sein. Die Konstruktion konzentrischer Kreise der Juden, der Anhänger nichtchristlicher Religionen und der Atheisten um die Kirche herum sowohl in "Lumen gentium" (14-17) als auch bei Paul VI. ("Ecclesiam suam") sieht immer noch in unzulässiger Weise die Kirche im Zentrum. Dazu kommt die wohl unvermeidliche "Reliktmentalität", die zur Gleichzeitigkeit fast unvereinbarer Auffassungen führt. So ist nur schwer einzusehen, wie die Kirche einerseits dienstbares Werkzeug, andererseits personifiziert "Mater et Magistra", Mutter und Lehrmeisterin der Menschen, sein kann. *Die* zutreffende und adäquate Definition von Kirche gibt es noch nicht. Das ist besonders folgenreich für die Verhältnisbestimmung im Hinblick auf das Judentum.

In Verbindung mit der "Reliktmentalität" steht auch ein Faktum, das für viele Christen heute, aber auch für viele Juden einen positiven Bezug gerade zur katholischen Kirche unmöglich macht, nämlich das Faktum, daß die befugten Sprecher dieser Kirche bis zur Stunde offenbar unfähig sind, in einem Akt aufrichtiger Reue und Umkehr frühere Positionen zu widerrufen und Schmerz über dasjenige zu bekunden, was mit ihnen angerichtet wurde.

Ich meine nicht nur die verheerende Verordnung des IV. Laterankonzils von 1215 über eine eigene Kennzeichnung der Juden an den Kleidern, Vorläuferin des Judensterns[21], über die bis heute kein bußfertiges Wort gefallen ist. Ich meine auch die überhebliche Selbsteinschätzung der Kirche, verbunden mit einem der Kirche prinzipiell verbotenen Übergriff in die Gerichtshoheit Gottes allein, wie sie z.B. in dem Jakobiten-(= Kopten)Dekret des Konzils von Florenz des Jahres 1442 enthalten ist:

> "Die heilige römische Kirche, durch das Wort unseres Herrn und Erlösers gegründet, glaubt fest, bekennt und verkündet, daß niemand außerhalb der katholischen Kirche, weder Heide noch Jude noch Ungläubiger oder ein von der Einheit Getrennter des ewigen Lebens teilhaftig wird, vielmehr dem ewigen Feuer verfällt, das

[21] Const. 68: COD S. 242, aber auch die anderen die Juden betreffenden Constitutiones: 67, 69 und 70.

dem Teufel und seinen Engeln bereitet ist, wenn er sich nicht vor dem Tod ihr (der Kirche) anschließt"[22].

Der Sache nach haben katholische Theologie und Kirche diese Lehre längst aufgegeben, - ist es aber legitim und moralisch einwandfrei, einfach so zu tun, als habe es eine solche verhängnisvolle Lehraussage nie gegeben? Wie kann man, solange eine solche Verdammung ohne ein Wort der Reue und des Widerrufs in offiziellen Dokumentensammlungen steht, von "Weggemeinschaft" und "Ökumene" sprechen?

Das II. Vaticanum hat in seinen Anstrengungen um ein neues Verhältnis der katholischen Kirche zum Judentum positiv über die geistlichen Beziehungen beider Größen gesprochen: es hat klärende Worte zur Frage der Schuld am Tod Jesu gefunden und unmißverständlich gesagt, daß die Juden von Gott nicht verworfen oder verflucht sind. Es hat in Anlehnung an Paulus von der gemeinsamen Wurzel und dem gemeinsamen Erbe beider gesprochen (Nostra aetate 4). Es hat es aber nicht vermocht, die Beziehung der beiden Größen Kirche und Israel als solcher zueinander positiv zu beschreiben. In einem solchen Zusammenhang hätten zwei Aussagen gemacht werden müssen, die die Juden längst von der Kirche erwarten, nämlich ein "Wort der Gerechtigkeit" (der Reue über das frühere Verhalten in Worten und in der Praxis) und eine eindeutige Absage an den Proselytismus - denn der ausdrückliche Verzicht auf eine Judenmission ergibt sich aus der theologischen Verhältnisbestimmung und nicht aus taktisch-taktvollen Erwägungen[23].

Aus mehreren offiziellen Stellungnahmen von katholischer Seite zu dem hier angesprochenen Problemkomplex halte ich den oben schon genannten Text der französischen Bischöfe vom 16.4.1973 für den mutigsten, eindeutigsten und am weitesten gehenden. Die für die Systematik relevanten Kernsätze möchte ich hier zitieren:

[22] Neuner-Roos Nr. 381. - In der Sammlung von Urkunden kirchlicher Lehrverkündigung ist S. 24 gesagt, die fettgedruckten Randzahlen bedeuteten "unfehlbare Lehrentscheidung". Ich habe in Mysterium Salutis V (1976) 425 Anm. 115 auf diese fehlbare Ausweitung des Unfehlbaren hingewiesen.

[23] Die Aussage im Missonsdekret "Ad gentes" Art. 13 genügt dazu nicht

Selbst wenn der Bund für die Christen in Jesus Christus erneuert wurde, muß das Judentum dennoch von den Christen nicht nur als eine soziale und historische, sondern vor allem als eine religiöse Realität betrachtet werden, nicht als Reliquie einer ehrwürdigen und abgetanen Vergangenheit, sondern als eine durch die Zeiten hindurch fortlaufende lebendige Realität. Die wesentlichen Zeichen dieser Vitalität des jüdischen Volkes sind: das Zeugnis seiner kollektiven Treue gegenüber dem einig-einzigen Gott, sein Eifer, die heiligen Schriften zu studieren, um darin im Lichte der Offenbarung den Sinn des menschlichen Lebens zu entdecken, seine Suche nach Identität inmitten der anderen Menschen und sein ständiges Streben nach Sammlung seiner Glieder in einer wiedervereinigten Gemeinschaft[24].

Das jüdische Volk ist sich bewußt, infolge seiner besonderen Berufung eine universale Sendung an den Völkern erhalten zu haben. Die Kirche vertritt ihrerseits die Meinung, daß der Platz ihrer eigenen Sendung innerhalb dieses universalen Heilsvorhabens ist. Israel und die Kirche sind nicht zwei Institutionen, die einander ergänzen. Das permanente Gegenüber Israels und der Kirche ist das Zeichen für den noch unvollendeten Plan Gottes[25].

Auf evangelischer Seite markiert die Erklärung der Synode der Rheinischen Kirche von 1980 den bedeutendsten Fortschritt aus einer Besinnung auf die Ursprünge seit Kriegsende. Im Unterschied zu "Lumen gentium" 9, wo eindeutig das Substitutions- und Typologiemodell verwendet werden, unterscheidet die Synode die Völker der Welt vom Volk Gottes. Die Kirche gehört zu den Völkern, das jüdische Volk ist bleibend erwählt als Volk Gottes. Die Kirche ist durch Jesus Christus in den Bund mit seinem Volk hineingenommen[26].

[24] Bei K. Richter (s. Anm. 4) 72. - Äußerungen neuerer Zeit von katholischer Seite werden hier nicht weiter einbezogen, weil Diskrepanzen zwischen Worten und Taten offenkundig sind.

[25] Bei K. Richter (s. Anm. 4) 79.

[26] K. Rendtorff, Ist Dialog möglich? Ansätze zum christlich-jüdischen Gespräch nach der Schoah, in: Festschrift für E.L. Ehrlich (s. Anm. 1) 1991, 123-134 (mit Nennung von Dokumenten), 130.

Wiederum von großer Bedeutung sind die Feststellungen der Verfassung der Evangelisch-reformierten Kirche schon in § 1,2:

> Gott hat Israel zu seinem Volk erwählt und nie verworfen. Er hat in Jesus Christus die Kirche in seinen Bund hineingenommen. Deshalb gehört es zum Wesen und Auftrag der Kirche, Begegnungen und Versöhnung mit dem Volk Israel zu suchen[27].

Vorläufige Krönung fanden diese Bemühungen der evangelischen Christen bei uns durch die Leitsätze des Reformierten Bundes von 1990. Ich möchte aus diesen überaus erfreulichen Texten einige ausgewählte Passagen zitieren:

> Gott hat seinen Bund mit Israel nicht gekündigt. Wir beginnen zu erkennen: In Christus Jesus sind wir, Menschen aus der Völkerwelt - unserer Herkunft nach fern vom Gott Israels und seinem Volk -, gewürdigt und berufen zur Teilhabe an der Israel zuerst zugesprochenen Erwählung und zur Gemeinschaft im Gottesbund.

Nach Zitation von Jes 54,10 und Röm 11,29 fährt der Leitsatz fort:

> Damit widersprechen wir der verbreiteten Auffassung, die christliche Kirche sei von Gott an die Stelle eines enterbten und verworfenen Israel gesetzt worden. Wir suchen vielmehr den wurzelhaften und bleibenden Zusammenhang wahrzunehmen, in dem Israel und die Kirche in dem einen ungekündigten Gottesbund miteinander verbunden sind[28].

Weiter wird festgestellt:

> Als Christen glauben wir an den einen Gott, den Gott Israels, den Vater Jesu Christi[29].

Der Reformierte Bund weist darauf hin, daß wir durch diesen gemeinsamen Glauben an den geoffenbarten Bundesgott vor selbsterdachten Gottesvorstellungen bewahrt werden.

Zu der Christen und Juden trennenden Auffassung von Jesus sagt der Reformierte Bund:

[27] Wir und die Juden - Israel und die Kirche. Leitsätze in der Begegnung von Juden und Christen, hrsg. vom Moderamen des Reformierten Bundes, Bad Bentheim 1990, 8.

[28] Leitsatz II: ebd. 19f.

[29] Leitsatz III: ebd. 24.

Gott ist in Israel zur Welt gekommen. In Jesus bestätigt er seine Verheißungen. Durch ihn sind wir unlösbar mit den Juden verbunden[30].

Die Einzigartigkeit Jesu besteht nach dieser christlichen Auffassung darin, daß Gott in Jesus sein letztes Wort gesprochen hat, und daß in seiner einmaligen Versöhnungstat die endgültige Erlösung der Welt, auf die wir mit den Juden gemeinsam warten und die wir zusammen mit ihnen erbitten, verbürgt ist.

Über das beiderseitige Verhältnis zu dem fälschlich so genannten Gesetz wird gesagt:

> Nach alttestamentlichem Verständnis steht die göttliche Weisung (Tora) mit allen Geboten im Zeichen der Befreiung und des Lebens... Da der Messias Jesus die Tora nicht aufgehoben, sondern erfüllt hat, glauben Christen die messianische Erfüllung der Gebote in der Christus-Gabe des Heiligen Geistes und sind, so wie die Juden, jedoch auf ihre Weise, gerufen und gesandt, Zeugen des Gottes Israels und seines Willens in der Völkerwelt zu sein. Mit der Verwerfung des "Gesetzes" ... haben wir Christen häufig die Gnadengabe der Tora verleugnet[31].

Der Reformierte Bund weist darauf hin, daß Israel nicht unter der Tora stöhnt, sondern sich tanzend über die Weisungen Gottes - die Schalom gewähren - freut. Wenn von Jesus gesagt wird, er sei gekommen, um die Tora zu erfüllen, so bedeutet das nach diesem Leitsatz, daß er den Kern, das Herz, die tiefste Absicht der Tora aufdeckt - insbesondere die Einheit von Gottes- und Nächstenliebe. Und gerade darauf bezieht sich die Bestätigung seiner Sendung durch die Auferweckung von den Toten.

Es ist nun möglich, wenigstens einige wesentliche Elemente der dringend gebotenen sprachlichen Revision genauer anzugeben.

Die Gründe, warum das II. Vaticanum den Begriff *Volk Gottes* für die Kirche in Anspruch nehmen wollte, sind bekannt. Man wollte damit die Einheit der Gemeinschaft der Glaubenden jenseits der teilenden Momente der Hierarchie/des Klerus, der Ordensleute und

30 Aus Leitsatz IV: ebd. 28.

31 Aus Leitsatz V: ebd. 32f.

der Laien betonen. Mitschwingend war die Anknüpfung an Exodus und Wüstenzug Israels: man wollte die Pilgerschaft, die auf Gottes Kommen hin unterwegs wandernde und hoffende Glaubensgemeinschaft ansprechen. Eine dogmatisch verpflichtende Aussage ist damit nicht gemacht worden. Die Inanspruchnahme des Gottesvolk-Titels durch die christliche Kirche ruft unweigerlich die Assoziation mit der Substitutionstheorie hervor. In der Bezeichnung Israels als des Volkes Gottes kommt nicht nur die Erstgeburt zum Ausdsruck; die spezifische Berufung Israels zeigt sich wesentlich auch darin, daß unter allen Religionsgemeinschaften nur Israel ein wirkliches Volk, zusammengefügt durch Abstammungsgemeinschaft, ist. In diesem Sinn kann die christliche Kirche, deren Mitglieder aus zahllosen Heidenvölkern zusammengerufen sind, niemals ein Volk bilden. Man kann auch darauf hinweisen, daß die Behauptung, Kirche und Israel zusammen seien ein einziges, heute leider (noch) gespaltenes Gottesvolk, die notwendige biblische Begründung vermissen läßt[32], die gegeben sein müßte, weil sie ja bei der Erstberufung Israels gegeben ist. Aus dem gleichen Grund ist es auch nicht möglich, "Volk Gottes" analog zum Begriff des Reiches Gottes eschatologisch zu verwenden, als sei das Volk Gottes erst in zarten keimhaften Ansätzen gegenwärtig und werde sich nach dem Willen Gottes erst am Ende voll-offenbar zeigen. Israel ist voll-offenbar *das* Volk Gottes. Man könnte einwenden, Volk Gottes für die pilgernde Kirche sei doch eine positiv brauchbare Metapher. Nun ist gegen Metaphern nicht zu protestieren, wenn sie gegen niemand gebraucht werden können und gebraucht wurden. So ist es aber bei "Volk Gottes" gerade nicht. M.E. wären viele nachkonziliare Formulierungen in der Kirche daraufhin zu überprüfen, inwieweit sie der Substitutionsauffassung Nahrung geben. Gutgemeint heißt es in einem 1972 entstandenen Kirchenlied: "Gott ruft sein Volk zusammen rings auf dem Erdenrund, eint uns in Christi Namen zu einem neuen Bund" (Gotteslob Nr. 640).

Damit ist das nächste Stichwort gegeben: *Bund.* Auf solider bibelwissenschaftlicher Basis weist E. Zenger darauf hin, daß es bei der

[32] E. Zenger, Israel und Kirche im gemeinsamen Gottesbund, in: Festschrift für E.L. Ehrlich (s. Anm. 1) 1991, 236-254, hier 254.

Auffassung der Kirche als Gemeinschaft des in und durch Jesus Christus geschenkten "neuen Bundes zur Vergebung der Sünden" sich um keinen anderen Bund als den "am Sinai" mit Israel geschlossenen Gottesbund handeln kann[33]. Jesus als Kind Israels hat es ermöglicht und bewirkt, daß die Gemeinschaft der an ihn Glaubenden aus der Völkerwelt in den Gottesbund mit Israel mit aufgenommen wurde. Gott wollte, wie Zenger sagt, keinen "zweiten" Bund schließen: die Redeweise vom "neuen" Bund besagt, daß - und ich darf hinzufügen: um welchen Preis! - Gott bereit ist, seinen ein für allemal geschenkten Bund immer wieder zu "erneuern"; der "neue" Bund ist der "erneuerte" Bund[34].

Wenn die Kirche im Sinn des II. Vaticanums sich selber als Gemeinschaft von grundlegend Gleichen und Gleichberechtigten aussagen will, kann sie das - näher am Begriff des Bundes, den sie nicht mißbräuchlich für sich in Anspruch nimmt - mit Hilfe des koinonia-communio-Gedankens.

IV.

Es ist selbstverständlich, daß sich im Lauf einer intensiveren Beschäftigung mit dem Thema noch weitere Problemfelder abzeichnen werden, in denen sich für die Kirche eine sprachliche - weil gedankliche - Revision dringend nahelegt. Das kann hier nicht weitergeführt werden.

Ich möchte in aller Kürze zunächst auf die Notwendigkeit hinweisen, an der *Identität* der christlichen Kirche und an ihrem spezifisch christlichen Erbe festzuhalten. Auf die Frage, warum ich Christ bin oder doch wenigstens sein möchte, heißt die Antwort: Weil Gott mich nicht als Kind Israels zur Welt kommen ließ und weil meine Zugehörigkeit zu dem christlich geprägten Kulturkreis ebenso wie meine Begegnung mit überzeugenden Christen für mich keine Zufälle sind.

[33] Ebd. 253.

[34] Ebd.

In die Biographie eines Lebens schreibt Gott seinen Willen und seine Antworten ein.

Eine ökumenische Bewegung von Juden und Christen mit dem Ziel der Herstellung einer Einheit als Glaubensgemeinschaft - über die bestehenden Gemeinsamkeiten hinaus, auf die ich am Ende hinweisen möchte - kann es meiner Überzeugung nach aus theologischen Gründen *nicht* geben: Gott will die Koexistenz der beiden Größen Israel und Kirche bis zu dem von ihm bestimmten Ende. Die so unterschiedliche Herkunft und Geschichte der beiden bedingen aber auch eine Asymmetrie auf mehreren Ebenen, von denen die strukturelle und die historische die wichtigsten sind. Beim jüdischen Volk und der in zahlreiche Kirchengemeinschaften getrennten christlichen Kirche handelt es sich nicht einfach um zwei Glaubensgemeinschaften, die sich symmetrisch aufeinander zu bewegen könnten[35]. Diese Asymmetrie bedeutet, daß jede der beiden Größen sich um Vertiefung und Festigung ihrer Eigenwerte bemühen muß, soll sie nicht boden- und substanzlos werden.

Für den Bereich der christlichen Kirche, zu der allein ich mich äußern kann, möchte ich unter den erstrangigen Gütern, die spezifisch christlich und unverzichtbar sind, folgende hervorheben:

a) Die Erfahrung des Heiligen Geistes, als des den Menschen zu innerlichst einwohnenden Gottes: Diese Einwohnung Gottes darf vielleicht als besondere Akzentuierung des menschlichen Individuums, menschlicher Individualität, verstanden werden: da der Heidenchrist ja nicht die Stärkung durch eigentliche Volksgemeinschaft erfährt. Die theoretische Gestalt dieser Erfahrungen ist die Pneumatologie.

b) Die Gotteserfahrungen, die Christen in der Mystik gewährt wurden, in unterschiedlichen Ausprägungen, vor allem auch in der Jesus- und in der Passionsmystik.

[35] J. Kirchberg (s. Anm. 9), bes. 67f. Der Begriff "Asymmetrie" wurde in diese Überlegungen vielleicht vom Münsteraner theol. Ehrendoktor, dem Juden R.J. Zwi Werblowsky, eingeführt. Beachtenswert ist Julie Kirchbergs Beobachtung, daß in der Theologie "nach Auschwitz" der Begriff "Ökumene" aus Juden und Heiden bei J.B. Metz eigentlich nur eine Koalition meint.

c) Eine durch den Eintritt des jungen Christentums in die Welt der griechisch-römischen Antike entstandene Seinsphilosophie. Es ist vor allem im Bereich der Politischen Theologie modisch geworden, den Bundesgott gegen den Gott der Griechen polemisch auszuspielen. Ich halte das für außerordentlich kurzsichtig, wenn man nicht beabsichtigt, die Theologie auf Jammern, Klagen und Verstummen zu beschränken. Gerade dort, wo nicht ein Volk vorhanden ist, das vitale gemeinsame Interessen verfolgt, gemeinsam am Werk ist, gemeinsame Feste feiert so wie das erwählte Gottesvolk Israel, sondern wo unterschiedlichste Individualitäten aus der bunten Heidenwelt im Glauben zusammenkommen, ist die Verständigung in einer mühsam zu suchenden gemeinsamen Sprache unverzichtbar. Zu ihr führt aber nur jene philosophische Reflexion, die bewirkt, daß man überhaupt weiß, worüber man redet. Die Kirche als Gemeinschaft höchst pluraler Glaubender kann sich nicht durch das Erzählen von Geschichten konstitutieren.

Im Rahmen der Eigenwerte und unverzichtbaren Aussagen des Christentums gibt es jedoch auch Gegebenheiten, in denen sich mehr historische Überlieferungen als wirkliche Verstehensmöglichkeiten kondensiert haben. Zu ihnen gehören jene, in denen sich das Christentum vermeintlich vom Judentum bekenntnismäßig am radikalsten unterscheidet: Trinitätslehre, Christologie, Soteriologie.

Ich möchte das nicht ausführen[36], aber ein paar kurze Hinweise geben. Ist es den Christen eigentlich bewußt, daß sie selber in der Auffassung von Gottes Dreieinigkeit nicht einig sind? Haben wir nicht bei Hans Urs von Balthasar, Jürgen Moltmann oder bei Walter Kasper unmißverständliche Bekenntnisse zu drei Subjekten in Gott, die sich mit dem Bekenntnis zu dem einen und einzigen Gott nicht mehr vereinbaren lassen? Ist demgegenüber Karl Rahner nicht viel näher an Gottes Selbsterschließung, wenn er davon ausgeht, daß das göttliche Wort eben das Wort Gottes, des Vaters Israels und Jesu, ist

[36] Etwas ausführlicher entwickelt in: H. Vorgrimler, Zum Gespräch über Jesus, in: Festschrift für E.L. Ehrlich (s. Anm. 1), 1991, 148-160. Hinweise auf heutige tritheistische Tendenzen in der katholischen Gotteslehre (und bei J. Moltmann) bei H. Vorgrimler, Theologische Gotteslehre, Düsseldorf ²1990.

und als Wort nicht selber noch einmal zu reden anfängt; und daß der Geist eben der Geist dieses göttlichen Vaters ist als dessen Selbstgabe, die ihrerseits nicht nocheinmal zu geben beginnt?

Auch hinsichtlich der christologischen Qualität Jesu besteht keine Einigkeit unter Christen, wie der Austritt von Gisela Kittel und Otfried Hofius aus dem Reformierten Bund gerade anhand des Judenthemas wieder drastisch klargemacht hat[37]. Ist man sich allenthalben klar darüber, daß der Begriff "Menschwerdung Gottes" (oder: Judewerdung Gottes) nicht die Auffassung bedeutet, Gott habe sich in einen Menschen verwandelt? Ist bei dem emphatischen Bekenntnis "Wahrer Gott, wahrer Mensch" klar, daß Gott unvermischt in geistiger Weise Wohnung nahm im Menschen Jesus, und daß der Traditionsbegriff "Gottmensch" im Sinn eines biologischen Mischwesens mißverstanden werden kann?

Ist überall einsichtig, daß Christen sich nicht über den Messias Israels den Kopf zerbrechen müssen, da selbst bei Juden keine Einigkeit über die Relevanz dieser Rettergestalt besteht?

Ist eigentlich allenthalben deutlich, daß "Erlösung" ein in der christlichen Tradition nie eindeutig verwendeter Begriff ist, der mindestens drei Ebenen umfaßt: den grundlosen Liebes- und Rettungswillen Gottes gegenüber seiner Kreatur; das versöhnende Wirken Jesu; die noch ausstehende und von Juden und Christen gemeinsam

[37] In der Schrift "Wir und die Juden" (s. Anm. 27) sind die Engführungen des christologischen Dogmas bei O. Hofius zur Genüge dokumentiert. Charakteristisch für eine auf bloßen Wiederholungen beharrende, dem Verstehenwollen verschlossene Geistesart ist die inquisitorische Frage von Hofius an H.-J. Kraus, ob dieser "noch" das trinitarische Credo sprechen und einen Gottesdienst im Namen des dreieinigen Gottes beginnen könne (vgl. Kraus' Antwort ebd. 82f). Wie will man von einer "Ökumene" von Juden und Christen sprechen, solange eine Ökumene unter Christen in weiter Ferne ist? - Die Geistesart von Frau Kittel zeigt sich in: G. Kittel, Der Name über alle Namen II. Biblische Theologie des NT, Göttingen 1990. Hier liest man, "Kyrios Jesus" bedeute: JHWH Jesus Christus (18, vgl. 29, 46); ferner: Gott redet sein Wort jetzt durch Jesus, nicht mehr durch Mose (125). Ein Kommentar zu dieser Art von neutestamentlicher "Wissenschaft" erübrigt sich.

erhoffte Heilung, Vollendung und Verwandlung der ganzen Schöpfung unter Einbergung aller Opfer der Menschheitsgeschichte?

In diesem soteriologischen Kontext haben die Untersuchungen Anton Vögtles und seiner Schule nachgewiesen, wie Peter Fiedler formulierte: Jesus brauchte und konnte nicht an die Notwendigkeit einer Sühne für Gesamt-Israel denken; Jesus hat sich nicht auf die Vorstellung eines Gottes eingelassen, der zur Erreichung seiner Heilsabsichten den Tod eines Menschen braucht bzw. gebraucht[38].

Die Beispiele zeigen, wie viele vermeintlich klare Aussagen des christlichen Credo im Interesse des eigenen Verstehens und der Verständigung mit anderen einer Neuformulierung bedürfen.

V.

Zum Schluß möchte ich in größter Kürze auf *Gemeinsamkeiten* von Juden und Christen hinweisen, die beide trotz bleibender unaufhebbarer Unterschiede vor dem gemeinsamen Bundesgott vereinen.

Die vatikanische Kommission für die religiösen Beziehungen zum Judentum hat in ihren "Hinweisen" vom Juni 1985 gesagt[39]: "Aufmerksam horchend auf denselben Gott, der gesprochen hat, hangend am selben Wort, haben wir ein gleiches Gedächtnis und eine gemeinsame Hoffnung auf Ihn, der der Herr der Geschichte ist, zu bezeugen". Der Text spielt damit auf die Möglichkeit an, gemeinsam die Offenbarung, Selbsterschließung Gottes, zu vernehmen und sie zur Orientierung des Lebens zu machen[40].

[38] P. Fiedler, "Beim Herrn ist die Huld, bei ihm die Erlösung in Fülle", in: Festschrift für E.L. Ehrlich (s. Anm. 1), 1991, 184-200, die fast wörtlichen Zitate hier 193 und 194.

[39] "Hinweise für eine richtige Darstellung von Juden und Judentum in der Predigt und in der Katechese der katholischen Kirche" vom Sekretariat für die Einheit der Christen, Kommission für die religiösen Beziehungen zum Judentum, Juni 1985 (Nr. II 1). Näheres dazu bei J. Kirchberg (s. Anm. 9) 34.39.

[40] Näheres bei J. Kirchberg, a.a.O., bes. 348-368.

Vielfach, nicht zuletzt von Klemens Richter, wurden die Gemeinsamkeiten des Betens, die jüdischen Elemente der christlichen Liturgie - angefangen von ihrer Struktur in Akklamation, Anamnese und Epiklese! - herausgearbeitet[41].

Freilich muß in das christliche Beten eine große Bescheidenheit einkehren, die sich stets dessen bewußt ist, wem die erste und bleibende Berufung zukommt. Wenn im christlichen Gottesdienst vorgetragen wird: "Rette dein Volk und segne dein Erbe", so ist das eine Bitte, die Israel gilt - das Gebet für die Kirche müßte anders formuliert werden. "Du hast dich deines Knechtes Israel angenommen", "du hast gesprochen zu unseren Vätern, Abraham und seinen Nachkommen auf ewig": So konnte Maria beten, weil sie jenem Volk angehörte, dem die Christen aus der Völkerwelt nicht zugehören.

Gemeinsam ist - oder könnte sein - die Situation des hoffenden Unterwegsseins und mitten darin die Zeugenschaft vor der "Welt", vielleicht sogar, wie der Reformierte Bund sagte, ein gemeinsames Streiten für Menschlichkeit, Gerechtigkeit und Frieden[42]. Ein solches gemeinsames "weltliches" Engagement von Kirche und Israel hätte freilich zur Voraussetzung, daß die christliche Kirche in allen ihren konkreten Verwirklichungen, auch die römische, auch die ostkirchlich-orthodoxe, das Land Israel als theologisch relevante Größe wahrnimmt und, wie der Reformierte Bund formulierte[43], in der Rückkehr der Juden in das Land Israel eine Bestätigung der Treue Gottes erkennt.

Die Situation des radikalen Glaubensverlustes, der die westliche Welt prägt und bei uns z.B. in der Haltung gegenüber Asylsuchenden

[41] Vgl. den Beitrag von K. Richter in diesem Band. - Die Arbeit von J. Kirchberg bemüht sich, durch Analyse synagogaler Stammgebete Gemeinsamkeiten des Betens und damit der Theologie von Juden und Christen an den Tag zu bringen. H. Vorgrimler, Sakramententheologie, Düsseldorf ^{2}1990, versucht, Strukturgleichheiten der kirchlichen Sakramente und des jüdischen Betens konsequent in die Darstellung einzubeziehen. Gerade auch im Bereich der Sakramente liegt die Gefahr des Substitutionsmodells nahe, z.B. "altes", "neues" Osterlamm, oder Ablösung der "bloß fleischlichen" Beschneidung durch die Taufe usw.

[42] Wir und die Juden (s. Anm. 27): hier Leitsatz VII.

[43] Ebd., Leitsatz VI.

und Ausländern seine Nähe zur Barbarei bekundet, wird in Zukunft wohl noch eine andere Gemeinsamkeit von Juden und Christen zutage treten lassen: Daß auch die Gemeinschaft der christlich Glaubenden den Weg des jüdischen Volkes als kleine Minderheit mit- und weitergehen muß[44].

44 P. von der Osten-Sacken, Die Erwählung des jüdischen Volkes in ihrer Bedeutung für die Kirche, in: Festschrift für E.L. Ehrlich (s. Anm. 1) 1991, 224-235, hier 233.

Erich Zenger

WIE SOLL DIE KIRCHE DIE JÜDISCHE BIBEL LESEN?[1]

Von der Bedeutung des sogenannten Alten Testaments für Israel und für die Kirche

1. Paradigmenwechsel im kirchlichen Umgang mit dem Alten Testament

1.1 Beim Alten Testament geht es um das christliche Fundament

Es gibt gewiß mehrere Felder der Theologie und des kirchlich-gesellschaftlichen Lebens, auf denen die radikale Erneuerung des Verhältnisses der Kirche zum Judentum ansetzen muß. Ein wichtiges - vielleicht das entscheidende! - Feld ist der christliche Umgang mit dem sogenannten Alten Testament. Immerhin ist dieser Teil unserer Heiligen Schrift auch, ja zuallererst die jüdische Bibel. Sie war die Bibel Jesu und der ersten Christen. Und niemand wird im Ernst behaupten wollen, die Schriften des Neuen Testaments seien verfaßt worden, um das sogenannte Alte Testament abzulösen. Als die Kirche im 2. Jahrhundert Markions Generalangriff gegen das Alte Testament und gegen die "jüdischen" Passagen im Neuen Testament (er wollte nur noch ein "gereinigtes" Lukas-Evangelium und 10 ebenfalls entjudaisierte Paulus-Briefe gelten lassen!) abwehrte und klar am "Alten Testament" als unverzichtbarem Bestandteil ihrer Heiligen Schrift festhielt, tat sie dies aus dem geradezu instinktiven Empfinden heraus, da es hier um die Substanz ging. Jedem Kundigen mußte klar sein: Die Schriften des Alten Testaments sind das Fundament, auf das die neutestamentlichen Bekenntnisse zu Jesus dem Christus "gemäß den Schriften" bezogen sind. Bei aller Polemik, die das sich profilie-

[1] Der Beitrag faßt mein Buch "Das Erste Testament. Die jüdische Bibel und die Christen" (Patmos Verlag, Düsseldorf, 1991) zusammen.

rende junge Christentum gegen jene jüdische Mehrheit entwickelte, die *seinen* Weg nicht gehen wollte, hielten die neutestamentlichen Autoren auch noch nach der Tempelzerstörung (70 n.Chr.) unerschütterlich, ja wie es scheint, noch dezidierter als zuvor, daran fest: Christliche Identität gibt es nur, auch für das Heidenchristentum, in der bleibenden Rückbindung an das Judentum, an die jüdische Kultur und insbesondere an die jüdische Bibel. Selbst als faktisch aus vielfältigen Gründen die Brücken zwischen "Synagoge" und Kirche abgebrochen wurden, blieb die Kirche, auch wenn es ihr offensichtlich schwer fiel, dabei: "Nicht du trägst die Wurzel, sondern die Wurzel trägt dich" (Röm 11,18).

Wer Jesus und die Botschaft über ihn verstehen will, muß die jüdische Bibel und die jüdische Kultur, in der sie verwurzelt sind, kennen und lieben lernen. Das ist die explizite und implizite Vor-Gabe der neutestamentlichen Autoren, an der die Kirche gegen Markion und alle offenen und latenten Markioniten bis heute festgehalten hat. Das Neue Testament ist ohne das "Alte Testament" nicht zu haben. Aber genau dies ist das Problem, das bis heute verdrängt und ungeklärt ist: *Wie* sind diese beiden Teile der Bibel aufeinander bezogen? Wie ist der erste Teil "christlich" zu verstehen und zu lesen? Ist er, wie neuerdings oft gesagt wird, "vor-christlich" und damit eigentlich "nicht-christlich", gar "unchristlich"? Oder ist er eigentlich und immer schon so "christlich", daß nur die Christen ihn richtig verstehen?

1.2 Nicht nur ein innerchristliches Problem

Die Frage nach dem Verhältnis der beiden Testamente in der *einen* christlichen Bibel wurde (abgesehen von den ersten beiden Jahrhunderten der Kirche, wo das Problem als Frage der Kontinuität bzw. Diskontinuität zum Judentum unausweichlich war!) bis heute als *innerchristliches* Problem verhandelt (oder verdrängt). Es stellt sich uns heute im Wissen um die negativen Folgen der falschen Verhältnisbestimmungen der Vergangenheit, aber noch mehr im ernsten Bemühen um ein erneuertes Verhältnis der Kirche zum Judentum als *christlich-jüdisches* Problem höchsten Ranges. "Nach Auschwitz" können und dürfen wir nicht länger übersehen, daß das sogenannte

Alte Testament zuallererst die jüdische Bibel *ist*. "Nach Auschwitz" dürfen wir nicht länger blind sein gegenüber der theologischen (!) Wahrheit, daß das jüdische Volk bis heute aus der Lebenskraft dieser seiner Heiligen Schriften und der sie auslegenden rabbinischen Überlieferungen gelebt hat - ja überlebt hat, allen (auch "christlich" motivierten) Ausrottungsversuchen zum Trotz. Diese Wahrheit fordert in der Tat einen Paradigmenwechsel im theologischen Nachdenken der Kirche über ihr Verhältnis und ihren Umgang mit dem ersten Teil ihrer Bibel. Zu den innerchristlichen Perspektiven des Problems kommen neue, ja wichtigere Fragen hinzu: Was bedeutet es für die Kirche, daß die Juden in dieser ihrer Bibel vollgültig und unabhängig vom Bekenntnis zu Jesus als dem Christus darin ihrem Bundesgott begegnen? Was bedeutet es, daß Juden und Christen diese "Heiligen Schriften" teilen? Lesen sie dabei eigentlich die gleichen "Schriften"? Gibt es überhaupt einen genuin christlichen Umgang mit dem sogenannten Alten Testament, der dieses als jüdische Bibel respektiert und zugleich als christliche Heilige Schrift in das Zentrum christlichen Lebens stellt?

2. Unzureichende Positionen

2.1 Altes Testament und Neues Testament verhalten sich nicht zueinander wie Verheißung und Erfüllung

Daß sich die beiden Testamente zueinander wie Verheißung und Erfüllung verhalten, wird den Christen schon beinahe Sonntag für Sonntag in der Liturgie "eingeflößt", weil die alttestamentliche Lesung oft so ausgewählt ist, daß sie als "Vorausdarstellung" oder als "Verheißung" des danach verkündigten Evangeliums erscheinen muß. Das Alte Testament wird dabei zum "Prooemium" und "Prolog" des Neues Testaments. Wie problematisch diese Verhältnisbestimmung ist, möchte ich durch vier knappe Erwägungen erläutern.

(1) Aus der Tatsache, daß die neutestamentlichen Autoren ihr Christusbekenntnis immer wieder mit dem Rückgriff auf alttestamentliche Texte formulieren und legitimieren, folgt keineswegs, daß sie damit das Alte Testament als überholt ausweisen. Im Gegenteil ist zu

sagen: "Weil der tote Jesus, seine Botschaft und seine Geschichte umstritten und seine Auferweckung als beweiskräftige Legitimationshandlung nicht verfügbar waren, hat die Jesus-Botschaft ihre Legitimation in der unbestritten als Offenbarungs-Dokument geltenden Hebräischen Bibel gesucht. Weil die neutestamentlichen Autoren Jesus als den Messias, als den Sohn Gottes gewissermaßen in der Erbfolge des Volkes Israel, verstehen und verständlich zu machen sich bemühen, sind sie genötigt, *Jesus aus dem Alten Testament zu legitimieren*. Das Alte Testament ist ihnen ganz unbestritten das Dokument der Offenbarung Gottes; nicht einer unter vielen, sondern der exklusiven Offenbarung Gottes in Israel. Weil sie in der Geschichte Jesu die geradlinige Fortsetzung dieser Offenbarung erkennen, müssen sie diesen von ihnen gemeinten Zusammenhang an und mit den biblischen Texten verdeutlichen" (J. Seim, Notizen zur Deutbarkeit des Holocaust: EvTh 48, 1988, 461 [Satzfolge von mir geändert]).

(2) Die Globalzuordnung von Altem Testament - Neuem Testament als Verheißung - Erfüllung, Typos - Antitypos u.ä. nimmt die Vielschichtigkeit und Vielgestaltigkeit des Alten Testaments nicht ernst. Was der Hebräerbrief gleich an seinem Anfang sagt, muß festgehalten werden: "Viele Male und auf vielerlei Weise hat Gott einst zu den Vätern gesprochen durch die Propheten; in dieser ... Endzeit aber hat er zu uns gesprochen durch den Sohn ...". Diese "vielerlei Weise" darf nicht nivelliert werden, sondern ist uns als kostbarer Schatz gegeben. Das Nebeneinander von Altem Testament und Neuem Testament kann gerade in der Komplexität und Fülle sprechen, mit denen sie einzelne Lebenssituationen in die Gegenwart Gottes stellen. Wer beispielsweise die unterschiedliche Art und Weise, in der das Ijob-Buch, das Buch Kohelet und die neutestamentliche Passionsgeschichte über das Leid und den Tod reden, aus einem theologischen oder christologischen Systemzwang heraus nivelliert, verweigert den leidenden und sterbenden Menschen die ihnen biblisch angebotene Möglichkeit, ihre so unterschiedlichen Ängste und Erfahrungen vor Gott auszusprechen und anzunehmen. Und vor allem unterstellt diese Verhältnisbestimmung nur zu schnell, es sei nur christlich, wenn man *wie* Christus redet, leidet und stirbt - wobei übersehen wird, daß die Differenz zwischen dem Christus und dem

Christen sonst als traditionelles Theologumenon immer wieder eingeschärft wird.

(3) Die einfache Gleichung Altes Testament = Verheißung und Neues Testament = Erfüllung scheitert auch und besonders, wenn sie christologisch eng geführt wird. *Weder* haben sich alle alttestamentlichen Verheißungen in Jesus erfüllt *noch* lassen sich umgekehrt alle neutestamentlichen Aussagen über Jesus alttestamentlich untermauern. Beide haben, gerade unter den Kategorien Verheißung - Erfüllung, einen Überschuß, der nicht nivelliert werden darf. "Wer von Verheißung - Erfüllung redet, weiß von Verhüllung und notvollem Warten, er weiß von Gehen und nicht nur von Stehen, weiß von Ruf und nicht nur von Schau. Die Geschichte bekommt ein Gefälle auf noch Ausstehendes hin. Aber ein Gefälle, das nicht durch dumpf treibende Kräfte bestimmt ist, sondern unter klarem Worte steht" (W. Zimmerli, Verheißung und Erfüllung, in: C. Westermann, Probleme alttestamentlicher Hermeneutik. Aufsätze zum Verstehen des Alten Testaments [ThB 11], München 1963, 77).

(4) Was mit der biblischen Kategorie "Erfüllung" gemeint ist, läßt sich gut am alttestamentlichen Sprachgebrauch ablesen:

1 Kön 1,14: Natan verspricht der Batseba, er werde zu David gehen und ihre Worte "erfüllen", d.h. bekräftigen und bestätigen, daß sie wahr und gültig sind (die Einheitsübersetzung übersetzt deshalb das Verbum "erfüllen" hier sogar mit "bestätigen"!).

1 Kön 2,27: Salomo setzt Abjatar als Priester am Jerusalemer Tempel ab und "erfüllt" so das Gotteswort, das in 1 Sam 2,30-36 über das Haus Eli ergangen war. Gerade der Vergleich von 1 Kön 2,27 mit 1 Sam 2,30-36 aber macht deutlich, daß sich "Verheißung" und "Erfüllung" nicht decken müssen; in 1 Kön 2,27 bedeutet die Tat Salomos vielmehr "Erfüllung" in dem Sinn, daß die Verheißung von 1 Sam 2,30-36 immer noch gültig bleibt, auch auf Zukunft hin.

Vom biblischen Sprachgebrauch her meint "Erfüllung" also Bestätigung, Bekräftigung und Besiegelung. Wenn wir Christen auf der Grundlage des Neuen Testamentes demnach sagen: In Jesus Christus hat sich die Verheißung erfüllt, so heißt das nicht: "Die Verheißung ist suspendiert, und an ihre Stelle tritt nun in der Gestalt von 'Erfüllung' das Verheißene selbst, sondern die Verheißung wird in Jesus als dem Christus, mit dem 'Ja und Amen' Gottes bekräftigt, besiegelt, nahegebracht und wirksam zugesprochen. So bringt also das Neue Testament keineswegs die erfüllte Gegenwart einer sichtbaren oder auch unsichtbaren 'besseren, gewandelten Welt', sondern das mit der Erscheinung Jesu Christi dringend gewordene Warten und Hoffen auf die Erlösung und Vollendung der Welt, auf die neue Schöpfung (2 Petr 3,13)" (H.J. Kraus, Perspektiven eines messianischen Christusglaubens, in: J.J. Petuchowski - W. Strolz (Hrsg.), Offenbarung im jüdischen und christlichen Verständnis [OD 92], Freiburg 1981, 260).

Aus diesen vier Erwägungen ergibt sich: Die verbreitete naive Rede von der Erfüllung gar des *ganzen* Alten Testaments durch und in Jesus wird weder der theologischen Botschaft des Alten Testaments noch der im Neuen Testament bezeugten Sendung Jesu gerecht. "Die Verheißungen des AT haben über Jesus hinaus einen bleibenden Überschuß" (H. Vorgrimler in der "10. völlig neubearbeiteten Auflage" des "Kleinen Theologischen Wörterbuchs", Freiburg 1976, 16). Die Sendung Jesu läßt sich nicht darauf reduzieren, daß das von ihm angekündigte Gottesreich durch ihn und seit ihm schon "da sei"; er ist vielmehr für die Christen der unüberholbare Zeuge und Garant dafür, daß dieses Gottesreich, allen Bösen Mächten zum Trotz, kommen wird - so wie sein Tod sich in der Auferweckung vollendet hat. Gerade die für unser christliches Selbstverständnis so zentrale Hoffnung, daß Gott kommt, um unser Leben und insbesondere die Geschichte zu vollenden, hat ihre unaufgebbare Grundlage in den Gottesverheißungen des Alten Testaments, auf die Jesus zurückgreift und die Gott an der Kirche "neu" handelnd "erfüllt". Das im Alten Testament bezeugte und verheißene Handeln Gottes an seinem Bundesvolk Israel aktualisiert sich nach dem Zeugnis des Neuen Testaments für uns Christen erneut und auf neue Weise in Jesus Christus und in der Kirche. In den Schriften des Neuen Testaments wird dabei allerdings, wie schon gesagt wurde, der Zusammenhang nicht im Sinne einer geradlinigen "Fortschrittsgeschichte" vom Alten Testament zum Neuen Testament hin gezogen, so daß die alttestamentlichen Texte ihren Sinn und ihre Wahrheit erst vom Neuen Testament her erhielten. Vielmehr gilt umgekehrt: Die besondere und neue Weise, in der der Gott Abrahams sich in Jesus offenbart, geht nur auf, wenn dieses Heilshandeln Gottes im Horizont der Geschichte seines Handelns an seinem Volk Israel geschaut und geglaubt wird. Als solches ist es nicht einfach exakte Erfüllung und Einlösung vorher ergangener Weissagungen oder Verheißungen, sondern (auch) in Jesus und in der Kirche führt der Gott Israels die Erlösungsgeschichte weiter. Daß er dies nur in Jesus tut, wird nirgends gesagt.

Daß die Dynamik des Alten Testaments nur in das Neue Testament drängt, läßt sich weder vom Neuen Testament her begründen, noch ist es alttestamentlich aufweisbar. Schon inneralttestamentlich ist das Spannungsgefüge Verheißung - Erfüllung so, daß die beiden Pole nie voll deckungsgleich sind. Die Erfüllung wird vielmehr so erzählt und erfahren, daß sie selbst wieder zu einer neuen Verheißung wird. Das gilt auch von Jesus, insofern er im Horizont des alttestamentlichen Gotteshandelns geschaut und geglaubt wird: Gerade insofern in ihm der Gott Israels am Wirken war, dem es um die universale, eschatologische Gottesherrschaft geht, ist Jesus nicht nur Erfüllung alttestamentlicher Hoffnungen, sondern eine neue, weitere Verheißung in der langen Verheißungsgeschichte des Gottes Abrahams, wie dies der lukanische Petrus in der Apostelgeschichte predigt: "Kehrt um und bekehrt euch, damit eure Sünden getilgt werden, bis Zeiten der Erquickung vom Antlitz des Herrn herkommen, und er den für euch bestimmten Messias senden wird, nämlich Jesus, den (einstweilen) der Himmel aufnehmen muß bis zu den Zeiten der Wiederherstellung von allem, wie Gott verkündigt hat durch den Mund seiner heiligen Propheten von jeher" (Apg 3,19f). Jesus ist also der Messias - und er ist es doch nicht voll, weil er erst noch kommen muß, um das Reich des umfassenden Schalom zu bringen, das die Propheten als Gabe Gottes verheißen haben. In der Kette dieser Verheißungsgeschichte ist Jesus für uns Christen das entscheidende Glied der Kette, das uns mit dem schalom-gebenden Gott verbindet - und er ist zugleich eine weitere, neue Verheißung.

2.2 *Altes Testament und Neues Testament bilden keine organische Einheit*

Eine Weiterführung der "Verheißungs-Erfüllungs-Theologie" zur Deutung des Verhältnisses der beiden Testamente hat der Tübinger Alttestamentler *Hartmut Gese* in einem programmatischen Artikel

"Erwägungen zur Einheit der biblischen Theologie" (Erstmals veröffentlicht in: ZThK 69, 1970, 417-436 = ders., Vom Sinai zum Zion. Beiträge zur biblischen Theologie [BevTh 64], München 1974, 11-30) vorgelegt und in zahlreichen Einzelstudien konkretisiert. Gegenüber jenen Positionen, die die Diskontinuität zwischen den beiden Testamenten betonen und die spätalttestamentliche Zeit gerne in ein möglichst dunkles Licht tauchen (und deshalb auch vom "Spätjudentum" reden), aber auch in unübersehbarem Kontrast zu jenen Positionen, die gar eine "zwischentestamentliche" Zeit erfinden, betont Gese die Kontinuität und die geradezu ontologische Einheit der beiden Testamente. Überblickt man den vielschichtigen Überlieferungsprozeß, der in der Entstehung und sukzessiven Kanonisierung der einzelnen Schriften des Alten und des Neuen Testaments für den Historiker (!) erkennbar ist, ergibt sich nach Gese die offenkundige Erkenntnis: "Die Tradition ist ein ungebrochener Zusammenhang, ein organischer Wachstumsprozeß von dem alttestamentlichen Samen bis zur neutestamentlichen Blüte als dem Telos der Entwicklung" (So faßt N. Oeming, Gesamtbiblische Theologien der Gegenwart. Das Verhältnis von AT und NT in der hermeneutischen Diskussion seit Gerhard von Rad, Stuttgart 1985, 104 Geses Position zusammen). Der im Alten Testament erkennbare Prozeß der Selektion und der Transformation der Überlieferungsthemen, der sich in Anknüpfung und Widerspruch, in Umwandlung und kreativer Neuschöpfung vollzieht, sei am "Ende" der alttestamentlichen Zeit keineswegs abgeschlossen, sondern unfertig und offen - und warte geradezu auf seinen Abschluß, der - historisch erkennbar - *gerade* und *nur* im griechischen Neuen Testament vorliege.

Das ist eine Absage an die These von der *veritas hebraica* als der den beiden Testamenten gemeinsamen Grundlage, auf die noch *Gerhard von Rad* in seiner "Theologie des Alten Testaments" so eindringlich hingewiesen hatte. Bei Gese wird das Verhältnis umgekehrt: Nicht die hebräische Sprache und nicht das in ihr sich vollziehende Benennen der Wirklichkeiten des Lebens ist die christlich relevante offenbarungsgeschichtliche Vorgabe, sondern letztlich ist die *veritas graeca* die normative Denkstruktur der biblischen Offenbarung. Was beispielsweise in Gen 1 "eigentlich" gemeint ist, erschließt sich erst von Joh 1 her. Und wie die vielfältigen, miteinander konkurrierenden messianischen Vorstellungen der hebräischen Bibel als "Offenbarung" zu verstehen sind, ist an ihrer im griechischen Neuen Testament vollzogenen Synthese abzulesen.

In der Konsequenz dieses Ansatzes fordert Gese die reformatorischen Kirchen auf, zum griechischen Kanon des Alten Testaments zurückzukehren und die sogenannten apokryphen bzw. deuterokanonischen Bücher im Vollsinn anzuerkennen.

Diese These von der organischen, ja geradezu ontologischen Einheit des im Alten und Neuen Testament bezeugten Offenbarungsgeschehens stellt mit seltener Nachdrücklichkeit heraus, daß das Alte Testament unverzichtbares Element der christlichen Wahrheit ist - freilich nur, insofern es die "organische" Vorstufe bzw. Vorgeschichte des Neuen Testaments ist. Eigentlich relevant ist nur, was - um es salopp zu sagen - im Neuen Testament "übrig" bleibt und dort zu Ehren kommt. Gewiß, das Neue Testament gäbe es nicht ohne das Alte Testament, aber letzteres hat keinen Eigenwert, sondern dient letztlich doch nur als praeparatio evangelii.

Vor allem aber muß - um der jüdisch-christlichen Wahrheit willen - unmißverständlich klar ausgesprochen werden: Bei dieser Art des Umgangs mit dem Alten Testament wird dieses christlich so *an*geeignet, daß die Juden dabei *ent*eignet werden. Das gilt übrigens auch für die vom Dogmatiker *Medard Kehl* in jüngster Zeit mehrfach vorgelegte These, das Alte Testament sei im Neuen Testament "aufgehoben" (vgl. M. Kehl, Eschatologie, Würzburg 1986, 91-94).

Gegen diese von Gese und Kehl projektierte und realisierte Weise des Umgangs mit dem Alten Testament sind vor allem drei *grundlegende Bedenken* anzumelden:

(1) Den alttestamentlichen Texten wird hier eine quasi notwendige Dynamik in das Neue Testament unterstellt, die sie selbst nirgends erkennen lassen und die ihnen weder vom historischen Jesus noch von den neutestamentlichen Autoren, nicht einmal in den sogenannten Reflexions- und Erfüllungszitaten zugewiesen wird.

(2) Der alttestamentliche Traditionsstrom ist keineswegs jener uniforme, kontinuierliche Prozeß, der in diesen Denkmodellen unterstellt wird. Die theologisch so unterschiedlichen Einzelentwürfe, die kulturell, lokal und zeitlich oft weit auseinanderliegen, sind keineswegs alle im gezielten Gespräch miteinander entstanden. Auch

im nachhinein darf man sie nicht in ein christologisches Prokrustesbett zwingen. Die Lebendigkeit und Vielgestaltigkeit des Redens von Gott und Mensch ist der spezifische Reichtum des Alten Testaments, den man ihm nicht nehmen darf. Schon gar nicht passen latente oder offenkundige Fortschrittskategorien auf die Bibel, weder auf das Alte noch auf das Neue Testament: Wer wollte ernsthaft behaupten, der Hebräerbrief sei ein "Offenbarungsfortschritt" gegenüber dem Markusevangelium, oder die Priesterschrift sei ein "Offenbarungsfortschritt" gegenüber dem vorpriesterschriftlichen Erzählwerk? Und was heißt das eigentlich: Diese Erzählwerke seien im Neuen Testament "aufgehoben"? Dies ist entweder eine derart abstrahierende Formel, daß sie *immer* richtig, weil letztlich nichts-sagend und an den Texten selbst nicht überprüfbar ist, oder dies verdeckt nur, was eigentlich gemeint ist: daß das Alte Testament für uns Christen nur eine Vorhalle ist, die wir wie ein Museum über das Leben unserer Ahnen "besuchen" können - und dabei zugleich unsere Augen davor verschließen, daß in diesem angeblichen Museum wirkliche Menschen leben: nämlich die Juden. Sie kommen weder bei Gese noch bei Kehl vor!

(3) Historisch und theologisch ist - dies ist vor allem gegenüber Gese festzuhalten - die Kontinuität zwischen dem "Alten Testament" und der "mündlichen Tora" des nachbiblischen Judentums, wie sie im Talmud vorliegt, enger und konsequenter als die zwischen Altem und Neuem Testament. Wenn es eine "organische" Einheit gibt und wenn die Tora irgendwohin "aufgehoben" ist, dann in der jüdischen Überlieferung!

Das Alte Testament ist *in sich* und *aus sich* Wort Gottes, weder vorläufiges noch vorlaufendes, sondern vollgültiges Wort, das meint, *was* es sagt, und *dieses* gilt es zu hören. Es will nicht beurteilt werden nach dem, was es *nicht* sagt, sondern es will konfrontieren mit dem, was es sagt - in seinen vielfältigen Wörtern und Bildern, Fragen und Aufforderungen ... Darin ruft es zur Entscheidung: *für* den Gott, der Leben gibt!

Als solches ist es weder "vor-christlich", noch "unter-christlich", noch "un-christlich", noch "nicht-christlich". Ein "alttestamentliches" Wort ist schlichtweg "christlich", wenn es von Christen als Teil ihrer Bibel gehört wird - ohne daß es aufhört, zugleich, nein: von seinem Ursprung her, "jüdisch" zu sein. Ein "alttestamentlicher" Text muß sich weder gegenüber dem Neuen Testament "rechtfertigen" noch muß er erst christlich "getauft" werden, damit er "Wort Gottes" für Christen werden kann.

3. Vom doppelten Ausgang des Alten Testaments im Judentum und im Christentum

3.1 Das Alte Testament ist offen für seine zwei faktisch gegebenen "Fortführungen"

Gegenüber der naiven Selbstverständlichkeit, mit der bis heute von den meisten christlichen Theologen und insbesondere von den "einfachen" Christen das Neue Testament und die Schriften der Kirchenväter als *die* legitime Weiterführung der Schriften und der Überlieferungen des biblischen Israel angesehen wird, konstatiert der Systematiker *Dietrich Ritschl* einen allmählich sich vollziehenden Paradigmenwechsel:

"Stärker als früher kommt heute durch den endlich anlaufenden jüdisch-christlichen Dialog die Tatsache ins Bewußtsein, daß die hebräische Bibel *eine* 'Fortsetzung' im Neuen Testament, die *andere* im Talmud gefunden hat" (D. Ritschl, "Wahre", "reine" oder "neue" Biblische Theologie? Einige Anfragen zur neueren Diskussion um "Biblische Theologie", in: JBTh 1, 1986, 144).

In der Tat: Das "Alte" Testament hat ein "Janus-Gesicht". Es ist einerseits ein in sich geschlossenes Buch, das gewissermaßen aus sich selbst den Schlußpunkt setzt und in der so abgeschlossenen "Endgestalt" gelesen werden will. Andererseits ist es zugleich ein "offenes" Buch. Es sagt nirgends, daß die Offenbarung JHWHs mit ihm zu Ende sei. In seiner theologischen Dynamik und in seiner literarischen Struktur ist es offen für Fortsetzung und "Fortschreibung" - durch jenen Gott, der immer für "eine Überraschung gut ist"!

Faktisch halten die Juden ihre mündliche Tora bzw. den Talmud für eine solche "Fortführung" - und die Christen halten ihr Neues Testament ebenso für die ihnen gegebene Fortführung. Beides ist legitim - und es wird Zeit, daß Juden und Christen beides einander zugestehen!

Daß sich die christliche Theologie und die kirchenamtliche Lehre schwer tut, diese jahrhundertelang verdrängte biblische Wahrheit wieder zuzulassen, ist zwar verstehbar, wenn man an die Verunglimpfungen denkt, mit denen der Talmud und die jüdische Schriftauslegung überhaupt christlicherseits überschüttet wurden, aber der Prozeß des Umdenkens ist um der biblischen Wahrheit willen unaufschiebbar.

Insofern das "Alte Testament" in und aus sich selbst zum Abschluß gelangt ist, kann es auf unterschiedliche Weise als Lebensquelle des Judentums und des Christentums weiterfließen. Und umgekehrt gilt, daß der Rück-Blick auf diese Lebensquelle je nach dem Standort Unterschiedliches wahr- und annehmen wird: Juden und Christen blicken zwar auf das gleiche Buch, aber sie sehen es anders - ja sie sehen sogar ein anderes Buch!

Es ist durchaus legitim, wenn die Christen die jüdische Bibel als ihr "Altes Testament" lesen *und* wenn sie das Neue Testament als dessen Fortsetzung, ja Vollendung begreifen. Aber es ist theologisch falsch und vereinnahmend, wenn sie dem zunächst einmal Israel gegebenen Alten Testament unterstellen, es sei sein eigentlicher und einziger Sinn, Jesus Christus zu verheißen und das Neue Testament vorzubereiten.

Andererseits muß ebenso anerkannt werden, daß alttestamentliche Texte schon zur Zeit ihrer Erstverkündigung und ihrer Überlieferung in Israel, also vor und außerhalb des Christentums, verstehbares und gültiges Zeugnis vom Handeln Gottes an seinem Volk waren und bis heute sind. Die christliche Kirche muß anerkennen, daß die aus dem Alten Testament herausgewachsene jüdische Überlieferung der Rabbinen, die sich ebenfalls als Fortsetzung bzw. Fortschreibung des Alten Testaments begreift, eine theologische Würde hat, die gleichrangig und qualitativ gleichwertig ist - eben für die Juden ein Wort zum Leben auf dem Weg zur Gottesherrschaft. "Denn wer wollte bezweifeln, daß die Juden 3000 Jahre lang aus ihrem ungebrochenen Glauben an denselben Gott eine geradezu ungeheuerliche Kraft zum Überleben gewannen?" (K. Müller, Biblische Begriffe in jüdischer Sicht: Christ in der Gegenwart 36, 1984, 407).

Mit diesen "Rahmendaten" bahnt sich fürwahr eine *neue* christliche Sicht und Wertung des "Alten Testaments" an. Um diese neue Sicht bewußt zu machen, ist vorgeschlagen worden, die traditionelle Bezeichnung "Altes Testament" durch eine geeignetere zu ersetzen.

3.2 Auf der Suche nach einer neuen Bezeichnung

Daß die traditionelle Bezeichnung "Altes Testament" bei den Christen viele Mißverständnisse mittransportiert und für Juden diskriminierend klingt, wird allenthalben gespürt, zumindest von Christen, die im jüdisch-christlichen Dialog engagiert sind. Das Problem wird auch in kirchenamtlichen Dokumenten angesprochen (z.B. in den "Hinweisen" der Vatikanischen Kommission für die religiösen Beziehungen zum Judentum, 1985).

Die Bezeichnung "Altes Testament" ist in der christlichen Tradition, in der allein sie - wenn überhaupt - sinnvoll ist, seit Jahrhunderten üblich. Sie ist freilich nicht biblisch. Sie kommt erst gegen Ende des 2. Jh.n.Chr. auf. Erstmals spricht der aus Kleinasien stammende Melito von Sardes um 180 v.Chr. von den "Büchern des Alten Bundes" (der alten "diatheke"), womit er die in 2 Kor 3,14 polemisch die Tora des Mose bezeichnende Vokabel auf das ganze "Alte Testament" ausweitet. Daneben verwendet Melito von Sardes auch die gut jüdische und neutestamentliche Bezeichnung "Gesetz und Propheten". Auch die meist im Neuen Testament häufig vorkommende Bezeichnung "Die Schrift" bzw. "Die Schriften" (vgl. auch "es steht geschrieben") entspricht der im Judentum bis heute üblichen Unterscheidung von "schriftlicher" (*Tora schebichtav*) und "mündlicher Tora" (*Tora sche-be'al peh*). Das Neue Testament selbst kennt weder ein "Altes" Testament noch "Alte Schriften" als Sammelbegriff für die jüdische Bibel. Erst die gezielte Absetzung der Kirche vom Judentum hat diesen Begriff geschaffen. Das ist seine Hypothek, die bis heute auf ihm lastet.

Nun läßt sich freilich dazu auch manch Positives sagen. Daß die beiden Teile der christlichen Bibel sich in Kontinuität und Diskontinuität zueinander verhalten und daß das "Neue" Testament das der Kirche in Jesus Christus geschenkte "Neue" bezeugt, wird durch die Bezeichnung "Altes Testament" festgehalten. Und so lange "alt" im Sinne von Anciennität und Ursprung seine positiven Konnotationen behält, kann man die Bezeichnung gewiß recht verstehen. Und wenn man sich bewußt macht, daß dies eine *spezifisch* christliche Bezeichnung ist, die daran erinnert, daß es das Neue Testament nicht ohne das Alte Testament gibt, kann man sie als legitimen Appell an die fundamentale Wahrheit hören, daß die christliche Bibel aus zwei Teilen besteht, deren Differenz nicht voreilig aufgehoben werden darf. Freilich muß man sich dabei dann zugleich daran erinnern, daß dies eine Bezeichnung ist, die *weder* dem Selbstverständnis des Alten Testaments entspricht *noch* dem jüdischen Verständnis dieser Schriften angemessen ist. Als solche ist sie geradezu anachronistisch und, wie die Geschichte zeigt, der Auslöser permanenter Mißverständnisse. Deshalb müßte sie eigentlich immer in Anführungszeichen gesetzt - oder eben durch eine neue Bezeichnung abgelöst werden.

Die Diskussion über eine neue Bezeichnung ist erst angelaufen. Sie kann nicht zum Ziel haben, eine Bezeichnung zu finden, die das jüdische und christliche Verständnis dieser "Schriften" gleichermaßen widergibt. Die legitime Differenz zwischen beiden "Lesarten" dieser Schriften soll nicht zugedeckt werden. Aber es soll eine Bezeichnung sein, die einerseits weder dem Selbstverständnis dieser Schriften noch den wiederentdeckten jüdisch-christlichen Gemeinsamkeiten widerspricht; die Bezeichnung muß aber andererseits die spezifisch christliche Bedeutung dieser Schriften ausdrücken.

Von diesen Prämissen her ist es wenig hilfreich, die im Judentum üblich gewordenen Bezeichnungen zu verwenden, außer eben, wenn man damit diese Schriften als die jüdische Bibel benennen will. Dann wird man gewiß sinnvoll die Bezeichnung *Tanach* verwenden, jenes "Kunstwort", das nicht nur einfach die drei Teile der jüdischen Bibel (*Tora* = "Gesetz", *Newi'im* = "Propheten", *Ch'tuwim* = "Schriften") benennt, sondern programmatisch ihre *innere Struktur*, kurz: ihre spezifisch an das jüdische Volk (*Am Jisra'el*) gerichtete "Botschaft" zusammenfaßt.

Wie also sollen Christen diesen Teil ihrer Bibel nennen? Ein erster Versuch, der zunächst viel Zustimmung fand, war die Bezeichnung "Hebräische Bibel". Damit unterschied man *diesen* Teil der Bibel unmißverständlich von dem in Griechisch vorliegenden Neuen Testament. Aber schon die sich denn aufdrängende Parallelbildung "Griechische Bibel" zur Bezeichnung des neuen Testaments macht deutlich, daß "Hebräische Bibel" ungeeignet ist; denn die "Griechische Bibel" der Christen meint *auch* die griechische Übersetzung der Hebräischen Bibel *einschließlich* jener biblischen Bücher, die zumindest in der altkirchlichen und in der römisch-katholischen Überlieferung bis heute zur Bibel gehören. Mit der Bezeichnung "Hebräische Bibel" wollte man vor allem daran erinnern, daß die von Hieronymus gegen Augustinus so emphatisch verteidigte *veritas hebraica* ("Gottes Wort gilt in der Sprache, in der er selbst gesprochen hat" - im "Urtext", und nicht in der "Übersetzung"!) auch für die christliche Theologie konstitutiv ist und gegen alle Versuchungen, den Gott Jerusalems mit den Göttern Athens zu verwechseln oder gar den Juden Jesus zu einem griechischen Götterboten verkommen zu lassen, festgehalten werden muß. Dennoch: die Bezeichnung ist, wie die in den letzten Jahren geführte Diskussion zeigt, vor allem aus drei Gründen ungeeignet:

(1) Die Bezeichnung ist nicht einmal als bloß technischer Begriff geeignet, weil sie streng genommen die aramaischen Texte (Dan 2,4b-7, 28) der jüdischen Bibel nicht miteinschließt.

(2) Unabhängig von der Frage, ob nach christlichem Verständnis auch die griechische Übersetzung des "Alten Testaments" inspiriert und so auch als Heilige Schrift der Kirche gelten kann, deckt die Bezeichnung eben auf keinen Fall das *ganze* "Alte Testament" der katholischen *und* der christlich-orthodoxen Kirchen ab.

(3) Die Bezeichnung "Hebräische Bibel" ist aber vor allem deshalb ungeeignet, weil sie die Unterschiede zwischen der jüdischen Bibel und dem "Alten Testament" verwischt, die in ihrer jeweiligen kanonischen Programmatik gegeben und intendiert sind. Daß, wie gerne gesagt wird, der Tenach bzw. das "Alte Testament" eigentlich eine "Bibliothek" ist, also eine Sammlung inhaltlich sehr unterschiedlicher und in sehr verschiedenem zeitgeschichtlichen Kontext entstandener Einzelbücher, ist einerseits ja richtig; aber als biblische Bücher bilden sie ein Ganzes. Und als Ganzes sind sie kanonisiert - und wollen sie als jüdische und christliche Bibel gehört werden. Gerade als Ganzes aber unterscheiden sie sich in ihrem Aufbau und in ihrer inneren theologischen Dynamik. Diese Differenz muß auch in der unterschiedlichen Bezeichnung erhalten bleiben. Als solche bietet sich (derzeit) am ehesten an: "*Erstes Testament*".

Diese Bezeichnung ist mindestens ebenso gut biblisch wie "Altes Testament", ja biblischer! Sie kommt nicht nur im (diesbezüglich nicht unproblematischen) Hebräerbrief vor (vgl. Hebr 8,7.13; 9,1.15.18), sie wird auch in der griechischen Übersetzung (Septuaginta) von Lev 26,45 verwendet, wo sie - anders als im Hebr - uneingeschränkt positiv den "ersten" Bund am Sinai als "Bund zur Vergebung der Sünden" (vgl. Lev 26,39-45) im Sinne des gründenden und weiterwirkenden Anfangs meint. *Genau* diesen Aspekt kann die Bezeichnung herausstellen: Dieser erste Teil der christlichen Bibel ist das *grundlegende Fundament*, das zuerst gelegt wurde und auf dem das im "Zweiten Testament" bezeugte Handeln Gottes an und durch Jesus und an denen, die Jesus nachfolgen, so aufruht, daß es dessen erneute und erneuernde Aktualisierung ist.

Die Bezeichnung hat mehrere positive Implikationen:

(1) Sie vermeidet die traditionelle Abwertung, die sich assoziativ und faktisch mit der Bezeichnung "Altes Testament" verbunden hat.

(2) Sie gibt zunächst den historischen Sachverhalt korrekt wieder: Es ist gegenüber dem "Neuen" (Zweiten) Testament in der Tat als "erstes" entstanden.

(3) Sie formuliert theologisch richtig: Es bezeugt jenen "ewigen" Bund, den Gott mit Israel als einem "Erstgeborenen" Sohn (vgl. Ex 4,22; Hos 11,1) geschlossen hat, als "Anfang" jener großen "Bundesbewegung", in die der Gott Israels auch die Völkerwelt hineinnehmen will.

(4) Als "Erstes" Testament weist es hin auf das "Zweite Testament". So wie letzteres nicht ohne ersteres sein kann, erinnert auch die christliche Bezeichnung "Erstes Testament", daß es in sich keine vollständige christliche Bibel ist.

Gewiß, auch diese Bezeichnung ist nicht ohne mögliche Mißverständnisse. Da viele beim Wort "Testament" in der Zusammensetzung "Erstes Testament" die technische Bedeutung "letztwillige Verfügung" assoziieren, werden sie fragen: "Hebt nicht ein Zweites Testament das Erste Testament auf?" Das *kann*, *muß* aber nicht sein. Es kann ja auch sein, daß das Zweite Testament *das Erste Testament bestätigt* - und den Kreis der "Nutznießer" des Ersten Testaments erweitert. Und genau dies ist beim "Neuen Testament" als Zweitem Testament der Fall!

Aber "Testament" hat - ob man nun "Altes" oder "Erstes" sagt - von der Tradition her *nicht* die juristische oder umgangssprachliche Bedeutung "Vermächtnis", sondern meint "Bundesdokument, Bundesbuch" (im weiten Sinn). Konsequent wäre es deshalb, mit der Reformierten Kirche der Niederlande vom "Ersten" und vom "Zweiten Bundesbuch" zu sprechen. Freilich ist "Testament" international verwendbar; deshalb ziehe ich es vor.

4. Die spannungsvolle Einheit der christlichen Bibel

4.1 Der notwendige Dialog zwischen beiden Teilen der christlichen Bibel

In seiner 1980 in Mainz an den Zentralrat der Juden in Deutschland und die Rabbinerkonferenz der Juden gerichteten Ansprache hat *Johannes Paul II.* das Verhältnis der beiden Testamente als einen "Dialog ... zwischen dem ersten und zweiten Teil" der christlichen Bibel bezeichnet. In der Tat: Beide stehen in einem gegenseitigen Auslegungsverhältnis. Für Christen gibt es das eine nicht ohne das andere.

Zwar war und ist die Versuchung groß, um der "Einfachheit" willen die Komplexität des in den beiden Testamenten geführten Gesprächs aufzulösen. Daß dies an den Rand, ja mitten in die Häresie führt, ist die traurige Erfahrung der Kirchengeschichte, wie insbesondere das Versagen der Kirche gegenüber dem Judentum, dem "erstgeborenen" Partner dieses von Gott geführten "Gesprächs", zeigt.

Daß die Kirche des Ersten Testaments bedarf, hat sie zumindest lehramtlich und theoretisch immer wieder gegen alle gegenläufigen Bestrebungen betont. Es wird höchste Zeit, daß sie das mit "Leben" füllt. Warum sie das Erste Testament "braucht", hat der Tübinger Exeget *Herbert Haag* 1980 in seiner Abschiedsvorlesung so ausgedrückt:

"Das Festhalten der Kirche am Alten Testament ist nur dann gerechtfertigt, wenn dieses gegenüber dem Neuen Testament ein *Plus* aufweist: wenn es große und unentbehrliche Themen behandelt, die im Neuen Testament fehlen; wenn es dem Menschen eine Lebenshilfe anbietet, die das Neue Testament ihm nicht geben kann. Wir haben wohl insgesamt in unserem Umgang mit der Bibel den Fehler begangen, daß wir sie zu einseitig als Offenbarungsquelle und als religiöses Lehrbuch betrachtet haben, während sie doch zunächst einen Spiegel des Lebens mit seinen Höhen und Tiefen darstellt und dem Menschen in seiner Verlorenheit von Gott her Orientierung und Hilfe sein will. Dann aber benötigt die Kirche neben dem Neuen Testament als dem *Buch von Christus* ebenso dringend das Alte Testament als das *Buch von Gott und Mensch*" (H. Haag, Das Plus des Alten Testaments, in: ders., Das Buch des Bundes. Aufsätze zur Bibel und zu ihrer Welt, Düsseldorf 1980, 304f.).

Diese Sätze fassen zusammen, wieso die beiden Teile der christlichen Bibel für christliches Leben konstitutiv und unverzichtbar sind. Sie bilden einerseits insofern eine "inhaltliche" (nicht nur historisch gewachsene!) Einheit, als sie von dem *einen* fundamentalen Geschehen Zeugnis ablegen, das der Gottesname JHWH, den auch Jesus trägt (Jesus = "In ihm erweist sich JHWH!"), anzeigt: ER allein ist der, der wirklich Leben gebend und vollendend "da" ist und bleibt - als der auf "seine" Schöpfung in Liebe Zu-Kommende. Andererseits ist dieses "eine" Geheimnis so vielschichtig und offen, daß es nie voll aussagbar ist. Deshalb braucht es das permanente "kanonische" Gespräch darüber. Dieses Gespräch ist institutionalisiert - für Juden in der Spannung von schriftlicher und mündlicher Tora, für Christen in der Spannung der beiden Testamente.

Während das Zweite (Neue) Testament in der Gestalt Jesu Christi sozusagen die Idealgestalt erlösten Lebens und Sterbens verkündet, konfrontiert das Erste Testament stärker mit der Realität des "Durchschnittsalltags" und bricht diese von Gott her und auf ihn hin auf. Was der Prophet Natan dem David sagt, als dieser sich von der Parabel über den reichen Mann, der seinem armen Nachbarn dessen einziges Lamm stiehlt, packen läßt, geht einem bei vielen Texten des Ersten Testaments rascher unter die Haut als bei Texten des Zweiten Testaments: "Du selbst bist der Mann/die Frau, um den/die es hier geht!" (vgl. 2 Sam 12,7).

Worin der für Christen *notwendige "Gesprächsbeitrag"* des Ersten Testaments besteht, läßt sich in drei knappen Punkten so andeuten:

(1) Zeugnis vom einzigen, lebendigen und lebendigmachenden Gott

Daß in den gängigen Handbüchern, die sich "Theologie des Neuen Testaments" nennen, meist nur auf wenigen Seiten von Gott die Rede ist, oder daß man sich gar mit dem Hinweis begnügt, "Jesus habe voraussetzen können, daß jedermann wußte, wer der Gott Israels sei, 'der Schöpfer, Weltregent, Gesetzgeber und Richter'" (H. Haag, Das Plus des Alten Testaments 304 mit Verweis auf H. Conzelmann, Grundriß der Theologie des Neuen Testaments, München 1967, 118), macht unbestreitbar deutlich: Ohne die eindrucksvollen Gottesbegegnungserzählungen des Pentateuch und der sogenannten Geschichtsbücher, ohne das leidenschaftliche Beten zu Gott, wie dies in den Psalmen und im Buch Ijob geschieht, ohne die Zweifel an Gott im Stil des Kohelet, aber auch ohne die prophetische Rede von Gott, der nicht neutral bleiben kann, wenn die Lebens- und Freiheitsrechte seines Volkes bedroht sind - kurz: ohne die Theo-Logie des Ersten Testaments wird die neutestamentliche Christo-Logie grund- und geschichtslos. Daß der biblische Gott ein lebendiger Gott ist, der sich im Leben seiner Verehrer erweist, indem diese ihr Leben von ihm prägen lassen, ist das Grundaxiom, mit dessen Konkretheit uns das Erste Testament viel plastischer konfrontiert als das Zweite (Neue) Testament. Und wie sähen eine christliche Schöpfungstheologie und eine kosmische Eschatologie aus, wenn es das Erste Testament nicht gäbe?

Daß der biblische Gottesgedanke ein zutiefst praktischer Gedanke ist, d.h., daß Gott nur erkennt und "schaut", wer die von IHM gebahnten und geforderten Wege geht, ist eine Leitidee der erzählenden, prophetischen und weisheitlichen Überlieferungen des Ersten Testaments. Nicht im Betrachten oder in der Pflege eines noch so schönen Bildes dieses Gottes, auch nicht in der Beschwörung eines noch so richtigen Lehrsatzes geht das Geheimnis dieses Gottes auf, sondern nur indem man den Weg geht, auf den er ruft. Das ist auch die Quintessenz aller prophetischen Interventionen, die sich mit Mi 6,8 so zusammenfassen lassen: "Es ist dir gesagt worden, Mensch, was gut ist und was JHWH von dir erwartet. Nichts anderes als dies: Recht tun, Güte und Treue lieben, in Ehrfurcht den Weg gehen mit deinem Gott!"

(2) Einspruch gegen privatistische und weltflüchtige "Spielarten" des Christentums

Der erste Teil der christlichen Bibel ist ein heilsamer Stachel gegen die in der Christenheit immer wieder durchschlagende Versuchung, Erlösung und Heil in die individuelle Seele oder ins Jenseits zu verlagern. Das erste Testament schärft ein Verständnis von Heil ein, das den Zusammenhang mit sichtbaren, erfahrbaren Veränderungen in der geschichtlichen, gesellschaftlichen und politischen Wirklichkeit zur unverzichtbaren Voraussetzung hat. Erlösung ist "alttestamentlich niemals anders denn als ein Geschehen vorstellbar, das zutiefst in die soziale Lebenswelt der menschlichen Gesellschaft eingreift und *dort* in seiner messianischen Qualität überprüfbar bleibt" (K. Müller, Biblische Begriffe, s.o., 423). Die Botschaft vom Kommen des Gottesreichs läßt sich vom Ersten Testament her weder auf den inneren Seelenfrieden noch auf eine nur im Glauben wahrnehmbare Realität reduzieren.

Gegen alle Spielarten des privatistischen, individualistischen und spiritualisierten Christentums protestiert das Erste Testament. Nicht nur an die Sozialkritik der Propheten ist hier zu erinnern, sondern auch an jene Passagen aus den Büchern Exodus, Levitikus, Numeri und Deuteronomium, die uns Christen weniger vertraut sind, die aber in der jüdischen Überlieferung sehr großes Gewicht erhielten. Sieht man nämlich näher zu, so erzählen diese Bücher davon, daß und wie die Erlösung Israels aus den Sklavenlagern des Pharao ein geschichtliches, politisches Ereignis war. Und sie schärfen vor allem die fortdauernde Bedeutsamkeit dieses Geschehens für Israel ein, indem sie die Dimensionen der Verbesserung und Vermenschlichung der sozialen Lebensqualität herausstellen.

"Gerade dem Christen, der sich beim Vollzug seiner eigenen Kirchengeschichte angewöhnt hat, sein Heil und seine Erlösung in einem Bereich verborgener Innerlichkeit, abseits des Schauplatzes erfahrbarer Geschichte und jenseits der konkreten menschlichen Gemeinschaft zu denken, mutet die Tora erhebliche Umstellungen zu. Denn ohne Frage besteht der Großteil dieser 'dem Mose am Sinai offenbarten Tora' aus Sozialgesetzgebung. Aber das eigentliche und schwergewichtige Interesse der Tora gilt unübersehbar Steuern, sozialer Fürsorge, kommunaler Organisation, dem Erbrecht, den

Verbrechen, der Autorität und den Verfahrensweisen vor Gericht. Man stößt auf Verordnungen über Vogelnester, gerechtes Wiegen, Infektionskrankheiten und auf das Verbot, die Bäume des besiegten Feindes zu fällen (Deuteronomium 20,19-20). Mit allem Nachdruck wird der Jude in Hunderten von Tatbeständen aufgerufen, auf dem ihn umgebenden sozialen Felde heilend und verbessernd tätig zu werden" (K. Müller, Biblische Begriffe, s.o., 431).

Weil die Zuwendung Gottes zu seinem Volk politische und gesellschaftliche Veränderung bewirken und bedeuten will, hat Israel dies auch in seinen Gebeten und in seinen liturgischen Zusammenkünften eingeübt. Wenn das Deuteronomium mehrfach einschärft, daß zu den Opfermahlzeiten Fremde, Arme, Witwen und Waisen zugeladen werden sollen, dann ist dies zutiefst theologisch begründet: Liturgische Gemeinschaft mit Gott gibt es eben nur, wo und wenn soziale Gemeinschaft sehr konkret gestiftet und erfahren wird. Was diese Opfermahlzeiten sozialpolitisch bedeutet haben, geht unmittelbar auf, wenn wir den Lebensstandard und die Ernährungssituation bedenken. Selbst für wohlhabende Bauern und Handwerker war Fleisch damals eine Seltenheit. Nur bei besonderen, festlichen Anlässen konnte man sich gebratenes oder gekochtes Fleisch leisten.

Ein solcher Anlaß waren die Schlachtopfer am örtlichen Heiligtum oder (später) am Jerusalemer Tempel, wobei ein Teil als Brandopfer galt, der größere Teil aber in der gemeinsamen Opfermahlzeit verzehrt wurde. Indem dazu nun Arme, Fremde und Ausländer, Waisen und Witwen eingeladen werden sollten, bot das Schlachtopfer diesen die Möglichkeit, trotz ihrer Armut auch in den Genuß von Fleisch zu kommen - und dabei sehr konkret zu erleben, daß der biblische Gott ein "Geber" von Fest und Freude sein will. Die "symbolische" Mahlgemeinschaft bei der christlichen Eucharistiefeier wirkt da nur noch als "stilisierter" Nachklang der Botschaft, daß Gott satt machen will: lebenssatt!

"Politisch" wird das Erste Testament vor allem in jenen Passagen, in denen es die Ambivalenz und die strukturelle Gefährlichkeit der politischen Institutionen aufdeckt und bekämpft. Daß die oppositionellen Einzelpropheten (im Unterschied zu den beamteten Hof- und Tempelpropheten, aber auch zu den volkstümlichen "Ordenspropheten") konstitutiv zur Geschichte Gottes mit seinem Volk gehören, mögen sie nun als Antipoden von Königtum (Staat) und Priesterschaft (Tempel) oder als Kritiker der Oberschicht oder als warnende Prediger vor dem Volk (sozusagen als "Gewissen des Volkes") auftreten, ist eine theologische Vorgabe Gottes, ohne die eine nur neutestamentlich orientierte Ekklesiologie oder "Soziallehre" eben jene Fehlleistungen produziert, die uns aus der Kirchengeschichte nur allzu bekannt sind.

(3) Wegweisung und Stärkung im Alltag

Wer in den vielfältigen Situationen des Alltags, in den konkreten Beziehungs- und Erlebnisfeldern, in denen sich Menschsein verwirklicht, Orientierung und Hilfe sucht, der wird zumeist auf den ersten Teil der Bibel ausweichen müssen bzw. können. Dort trifft er auf Menschen, die in Leid und Schuld, in Freude und Todesangst, in Wissendurst und in Skepsis, in ihrer täglichen Arbeit, in der Freude der sexuellen Liebe, im Feiern üppiger Feste, aber auch unter der Last von Gewalt und Feindschaft, von Zweifel und Versagen ihr Leben von Gott her und auf ihn hin leben wollen. Das Erste Testament weiß - mehr als das Zweite Testament - um die Höhen und die Tiefen des Zusammenlebens von Eltern und Kindern, von Mann und Frau, von Geschwistern und Verwandten. Es weiß um den Mißbrauch von Macht in allen Bereichen des Lebens. Es weiß von den Aggressionen und Begierden des Menschen, aber auch von seinen Träumen und Sehnsüchten.

Schon auf seinen ersten Seiten deckt es in den Urzeit-Erzählungen die Gefährdungen und Versuchungen auf, unter denen die Menschheit leidet - und es entwirft Gegenbilder und Gegenvisionen von Gott her, damit das Leben dennoch gelingen kann.

Es verdrängt das Leid und den Tod nicht, sondern weist Wege, wie das Leben trotz Leid und Tod angenommen und bestanden werden kann.

Und immer wieder variiert es, daß die Schöpfung und das Leben von Gott her gut und schön sind. Und es lädt den Menschen ein, sich am Leben zu freuen. Freude am konkreten, irdischen Leben - hier ist das Erste Testament eine wichtige Ergänzung zum Zweiten Testament. Gewiß redet auch das Zweite Testament öfters von Freude. Aber meist ist dies "eine spiritualisierte Freude, eine Freude, die jenseits der Wirklichkeit dieses Lebens liegt: Freude über den Lohn im Himmel

(Mt 5,11f.), Freude über die Anwesenheit Jesu bei den Jüngern (Mt 9,15; Joh 15,11), Freude durch die Geistsendung (Joh 16,20), kurzum: Freude im Herrn (Phil 4,4). Wir müssen uns aber fragen, ob man sich immer nur 'im Herrn' freuen kann, ob es nicht geradezu unmenschlich ist, sich immer nur 'im Herrn' zu freuen. Im AT freut man sich am Leben, man freut sich am Fest, man freut sich bei der Ernte, man freut sich über das Essen, besonders über den Wein, man freut sich an der Natur ... und vieles andere mehr" (H. Haag, Das Plus, s.o., 304).

Daß die christliche Bibel ein "Lebensbuch" ist, verdankt sie vor allem ihrem ersten Teil!

Daß die sich aus dem Judentum lösende Kirche das "Erste Testament" gegen alle in ihr aufkommenden Bestrebungen, diesen "jüdischen" Teil abzustoßen, dennoch fest- und beibehalten hat, muß *theologisch* ernst genommen werden. Darin spricht sich die Überzeugung der Kirche aus, daß sie nur im spannungsreichen Kraftfeld der *beiden* Teile ihrer Bibel *zusammen* im Kraftfeld der Gotteswahrheit lebt. Deshalb sind eigentlich alle Wertungen und Vergleiche, welcher Teil wichtiger und unverzichtbarer ist, obsolet. Ebenso sind alle Diskussionen darüber, ob das Erste Testament für uns Christen eine "ureigene" oder nur eine von seiner Bezogenheit auf das Neue Testament her "abgeleitete" Autorität hat, obsolet. Beide Testamente sind "gleichwertig" und wollen in das von ihnen bezeugte Geschehen hineinnehmen, daß das Gottesreich "im Kommen ist". Daß das Kommen des Gottesreichs *auch* das Verhältnis der Kirchen zum Judentum gestalten und vitalisieren will, ist die "kanonische" Botschaft der dialogischen Einheit von Erstem und Zweitem Testament.

4.2 Kanonisiertes Ja zur theologischen Würde des Judentums

Gewiß, die Kirche hat das Erste Testament als Teil "ihrer" Bibel kanonisiert. Er ist ihr "monotheistisches Gewissen". Er bewahrt sie vor der immer wieder drohenden Häresie des Christomonismus, und vor einer hellenisierenden Auflösung der Gotteswirklichkeit in "schöne" Gottesideen. Aber mit welchem Recht lesen wir überhaupt das Erste Testament? Was "geschieht" da eigentlich, wenn in einer christlichen Liturgie als "Gottes Wort" verkündet wird:

"Und Mose stieg hinauf zu Gott und JHWH rief ihm von Berg her zu: So sollst du zum *Haus Jakob* sprechen und so sollst du *den Kindern Israel* verkünden: Ihr habt gesehen, ... wie ich *euch* auf Adlerflügeln getragen und hierher zu mir gebracht habe ... *Ihr* seid mir ein Königreich von Priestern und ein heiliges Volk ... (Ex 19,3-6*).

Was geschieht, wenn in einer christlichen Liturgie der in Num 6,24-26 überlieferte Segen gesprochen wird, wenn es doch im kanonisierten Bibeltext eigentlich heißt:

"JHWH sprach zu Mose: Rede zu Aaron und seinen Söhnen: So sollt ihr *die Kinder Israel* segnen, indem ihr sprecht: 'JHWH segne *dich* und behüte *dich* ...' So sollen sie meinen Namen auf *die Kinder Israel* legen und ich werde *sie* segnen" (Num 6,22-27*).

Was geschieht, wenn Christen in der Liturgie die Psalmen beten und singen, so beispielsweise den wunderschönen 80. Psalm:

"Du Hirte *Israls*, höre doch,
du, der Josef weidet wie eine Herde!
Der auf den Keruben thront, erscheine doch
vor *Efraim, Benjamin und Manasse*!" (Ps 80,2f.)

Daß eine christliche Theologie, die die Kirche als das "wahre Israel" begreift, das an die Stelle des "alten verworfenen Israel" getreten ist, diese Texte naiv und ungebrochen auf die Kirche beziehen kann und hier kein Problem sieht, braucht nicht weiter erörtert zu werden. Diese Position ist schlichtweg unbiblisch und theologisch irrig. Die Frage soll hier auch nicht im Horizont jener Bestimmungen des Verhältnisses Kirche - Israel reflektiert werden, die Israels ureigene und von der Kirche unabhängige theologische Würde bestreiten. Vielmehr muß eine Antwort versucht werden auf dem Boden jener urbiblischen Theologie, die durch das Zweite Vatikanum "wiederentdeckt" wurde, wonach Israel im *nie* gekündigten Gottesbund steht und *diese* Texte als die ihm *ureigen* zugesprochene Gottesbotschaft hört. Wenn dies, woran nicht zu zweifeln ist, der *Ausgangspunkt* unserer Antwort sein muß, kann die Kirche beim Verkündigen und Hören dieser Texte den eigentlichen Adressaten dieser Texte nicht länger ignorieren. Sie darf diese Texte sich nicht so *aneignen*, daß sie dabei Israel *enteignet*. Sie kann sie aber auch *nicht weglassen*, weil sie ihr vom Juden Jesus, der sie auf seinen Weg der Gottesgemeinschaft ruft, übergeben sind.

Wie also soll die Kirche ihr Erstes Testament hören und lesen?
(1) Die *erste Antwort* auf diese Frage ist so einfach wie folgenreich zugleich: Die Kirche muß diese Texte als *Gottesbotschaft an und über das jüdische Volk* hören. Das ist so einfach, weil die Texte es ja selbst so sagen. Dies läuft freilich unseren christlichen Vereinnahmungsgewohnheiten zuwider, in denen wir am liebsten *alles* so auf uns beziehen, daß es "eigentlich" uns gegeben ist. Daß *alles*, was in den Heiligen Schriften des Ersten Testaments geschrieben ist, zu unserer Belehrung geschrieben ist (Röm 15,4), heißt ja nicht, daß alles *über uns* geschrieben ist. Nein: Zuallererst müssen wir lernen, diese Heilige Schrift als Gottesbotschaft über die Liebe Gottes zu Israel zu hören - und zuallererst als "Gottesgeschichte", d.h. als Zeugnis über jenen Gott, der auf *vielerlei Weise* geredet und gehandelt hat. Wer seine Mutter und seinen Vater bewundert und liebt, wird sich nicht nur an dem begeistern, was die Eltern mit ihm und für ihn tun. Er/sie wird sich mindestens, vielleicht sogar mehr faszinieren lassen von allem, was die Eltern sonst noch bzw. überhaupt tun und sind. *So* sollen wir Christen zuallererst die Gottesbotschaft des Ersten Testaments hören: als *judaica veritas*, als Wahrheit über Israel. Wir müssen sie hören nicht nur als Gottes Wort über das "alttestamentliche" Israel, sondern auch über das "nachbiblische" Israel *und* über unser Verhältnis zu diesem Israel. Der Systematiker *Friedrich-Wilhelm Marquardt* hat diese neue Art des Umgangs der Christen mit dem Ersten Testament so auf den Punkt gebracht:

"Wozu ist christliches Bibellesen gut im christlich-jüdischen Verhältnis, wenn es uns nicht zutreffende Begriffe von diesem Verhältnis schaffen kann? Antwort: Das Alte Testament verschafft den Christen eine erste Auslegung und insofern eine Beziehungsgrundlage ihrer in Jesus Christus gesetzten Beziehung zum jüdischen Volk. Das Alte Testament dient ihnen als Sprachschule - im umfassenden Sinn - für ihre Einbürgerung in die Gemeinschaft der vor ihnen erwählten Heiligen. Das Alte Testament ist für sie der Staatsbürgerkundeunterricht vor ihrer Naturalisierung im Volk Gottes. Im Alten Testament lernen sie die Geschichte kennen, die nicht ihre ist, aber die des Volkes, in dem sie heimisch werden sollen, und die zu der ihren werden soll. Wer das Alte Testament versteht, lernt die neue Welt kennen, in die er einwandert" (F.-W. Marquardt, Von Elend und Heimsuchung der Theologie, München 1988, 434).

Gerade deshalb ist es theologisch konsequent, wenn die Kirche heute den hebräischen (und für Dan 2,4b-7,28 aramäischen) Urtext zugrundelegt. Und es ist wichtig - zumindest für die Theologen -, daß die Kirche nicht nur um die kanonische Sinnrichtung des Tenach weiß, sondern sie als die "ältere" jüdische "Lesart" hochschätzt und endlich aufhört, sie (und sich selbst!) mit den dümmlichen Klischees von "Gesetzlichkeit", "Werkgerechtigkeit" usw. zu disqualifizieren.

(2) Die *zweite Antwort* auf die Frage, wie und wozu die christliche Kirche das Erste Testament lesen, hören und beten soll, ist weniger einfach. Sie schickt uns Christen auf eine schwierige Gratwanderung. Sie klang bereits in dem Zitat von F.-W. Marquardt an. Es ist eine Antwort, die diese Texte nun aber doch - wenn auch erst in abgeleiteter Weise - mit uns, der Kirche und den Christen, in Beziehung setzen will und muß. Die Texte des Ersten Testaments bedeuten als Teil der christlichen Bibel nicht nur das kanonisierte christliche Ja zum Judentum (das die Kirche ihm über Jahrhunderte weithin, ja gänzlich verweigert hat!), sie sind auch Gottes Wort an und über uns, weil und insofern "die Kirche durch Jesus Christus in den Bund Gottes mit seinem Volk hineingenommen ist" (Rheinische Synode, 1988).

Insofern die Kirche *auch* in der Gnade des "Neuen Gottesbundes" lebt, darf sie dessen Gottes-Wahrheit *mit* Israel teilen. Das ist Gottes Zumutung an Christen *und* Juden. Und dies ist auch eine Wurzel jener Haß-Liebe, die das christlich-jüdische Verhältnis so schwierig macht. *Franz Rosenzweig* hat dies nüchtern und visionär zugleich so ausgedrückt:

"Vor Gott sind so die beiden, Jude und Christ, Arbeiter am gleichen Werk. Er kann keinen entbehren. Zwischen beiden hat er in aller Zeit Feindschaft gesetzt und doch hat er sie aufs engste wechselseitig aneinander gebunden. Uns gab er ewiges Leben, indem er uns das Feuer des Sterns seiner Wahrheit in unsern Herzen entzündete. Jene stellte er auf den ewigen Weg, indem er sie den Strahlen jenes Sterns seiner Wahrheit nacheilen machte in alle Zeit bis hin zum ewigen Ende. Wir schauen so in unsern Herzen das treue Gleichnis der Wahrheit, doch wenden wir uns dafür vom zeitlichen Leben ab und das Leben der Zeit sich von uns. Jene hingegen laufen dem Strom der

Zeit nach, aber sie haben die Wahrheit nur im Rücken; sie werden wohl von ihr geleitet, denn sie folgen ihren Strahlen, aber sie sehen sie nicht mit Augen. Die Wahrheit, die ganze Warheit, gehört so weder ihnen noch uns. Denn auch wir tragen sie zwar in uns, aber wir müssen deswegen auch den Blick erst in unser eigenes Innre versenken, wenn wir sie sehen wollen, und da sehen wir wohl den Stern, aber nicht - die Strahlen. Und zur ganzen Wahrheit würde gehören, daß man nicht bloß ihr Licht sähe, sondern auch, was von ihr erleuchtet wird. Jene aber sind ohnehin schon in alle Zeit bestimmt, Erleuchtetes zu sehen, nicht das Licht.

Und so haben wir beide an der ganzen Wahrheit nur teil. Wir wissen aber, daß es das Wesen der Wahrheit ist, zuteil zu sein, und daß eine Wahrheit, die niemandes Teil ist, keine Wahrheit wäre; auch die 'ganze' Wahrheit ist Wahrheit nur, weil sie Gottes Teil ist. So tut es weder der Wahrheit Abbruch noch auch uns, daß sie uns nur zuteil wird. Unmittelbare Schau der ganzen Wahrheit wird nur dem, der sie in Gott schaut. Das aber ist ein Schauen jenseits des Lebens. Lebendiges Schauen der Wahrheit, ein Schauen, das zugleich Leben ist, wächst auch uns nur aus der Versenkung in unser eignes jüdisches Herz und auch da nur im Gleichnis und Abbild. Und jenen ist um des lebendigen Wirkens der Wahrheit willen das lebendige Schauen überhaupt versagt. So sind wir beide, jene wie wir und wir wie jene, Geschöpfe grade um dessentwillen, daß wir nicht die ganze Wahrheit schauen" (F. Rosenzweig, Der Stern der Erlösung, Haag 1976, 462f.).

Das hier ausgesprochene Verständnis von "Heilswahrheit" als einem dialogischen Geschehen, das auf Israel und die Kirche zukommt und, solange Israel und Kirche "auf dem Wege", eben geschichtlich sind, nie zum "Wahrheitsbesitz", sondern nur zur "Wahrheitsteilhabe" führt, ist ein neuerdings auch in der christlichen Theologie (wieder) entdeckter Ansatz, Offenbarung als das Wunder der Selbstmitteilung Gottes zu begreifen, dem sich Menschen immer nur "annähern" können - und zwar unter den Bedingungen ihrer jeweiligen Geschichtlichkeit und damit Begrenztheit. Diese Wahrheit Gottes hat einerseits universalen Verpflichtungscharakter, aber sie wird andererseits nur in der partikularen Bewegung von Israel und Kirche auf sie hin "ergriffen" (ohne Besitz zu werden!). Von diesem Ansatz her sagt der

Münsteraner Dogmatiker *Herbert Vorgrimler* über das Verhältnis von Juden und Christen mit Recht:

"Die Möglichkeiten, ... auch in der Ökumene von Juden und Christen, einander das Sein in der Wahrheit zuzusprechen, Wahrheit verstanden als Heilszusage und absolute Verpflichtung, nicht aber als Besitz, sind noch längst nicht ausgeschöpft" (H. Vorgrimler, in: H.-P. Müller [Hrsg.], "Was ist Wahrheit?", Stuttgart 1989, 52 Anm. 28).

Indem Juden und Christen die gleichen Heiligen Schriften, wenngleich in jeweils anderer Lesart als "Heilswahrheit" lesen, an der sie gemeinsam und zugleich anders teilhaben, *realisieren* sie zugleich diese Heilswahrheit, die ja zutiefst auf den umfassenden Schalom Israels und der Kirche, ja der Völkerwelt und der Schöpfung zielt.

Daß die Kirche das Erste Testament so auch als *an sie* gerichtetes Gotteswort hört, ist deshalb freilich eine Gratwanderung, weil sie es nie *gegen*, sondern nur *mit* Israel hören und verstehen kann. Wenn sie diese Geschichten über Gottes Handeln an Israel hört, sind dies zwar keine Geschichten *über* die Kirche, aber Geschichten, die auch ihr erzählt werden, damit sie daraus "Kraft und Hoffnung" (vgl. Röm 15,4) für ihren Weg schöpft, den sie nicht gegen, sondern nur mit solidarischem Blick auf Israel gehen kann. Und wenn sie die Psalmen Israels betet, kann sie diese als *ihre* Gebete nur rezitieren und singen, wenn sie dies in bejahter messianischer Geschwisterlichkeit mit dem jüdischen Volk tut.

4.3 Messianische Gemeinschaft von Israel und Kirche

Das Erste Testament, das die Christen mit den Juden teilen "müssen", zwingt sie nicht nur, ein für allemal allen Versuchungen zu einem triumphalistischen Absolutheitsanspruch zu widersagen, es konfrontiert sie auch beharrlich mit der Erinnerung, daß sie gerade als Kirche Jesu Christi nicht am Ziel, sondern auf dem Wege sind - zusammengebunden in einer messianischen Weggemeinschaft mit den Juden. Daß diese "Botschaft" den Christen nicht immer leicht gefallen ist und fällt, haben die Juden sehr schmerzlich erleiden müssen, bis hin zu Auschwitz. *Franz Rosenzweig* hat auch dies klar und visionär erkannt:

Das "Dasein des Juden zwingt dem Christentum in aller Zeit den Gedanken auf, daß es nicht bis ans Ziel, nicht zur Wahrheit kommt, sondern stets - auf dem Weg bleibt. Das ist der tiefste Grund des christlichen Judenhasses, der das Erbe des heidnischen angetreten hat. Er ist letzthin nur Selbsthaß, gerichtet auf den widerwärtigen stummen Mahner, der doch nur durch sein Dasein mahnt, - Haß gegen die eigene Unvollkommenheit, gegen das eigene Nochnicht" (Der Stern der Erlösung, s.o., 459).

Daß die Kirche und die Christen sich so schwer tun, sich auf die Gottes-Wahrheit des Ersten Testaments *und* auf die *theologisch* gebotene Aussage, daß die Juden eben diese Heilige Schrift als ihren Tanach auf ihre Weise als Gotteswort hören, einzulassen, hängt in der Tat letztlich mit dem zusammen, was *Johann Baptist Metz* die messianische Schwäche des Christentums genannt hat:

"Hat sich das Christentum, gerade im Vergleich mit der jüdischen Religion, nicht immer wieder seine eigene *messianische Schwäche* verborgen? Schlägt im Christentum nicht immer wieder ein gefährlicher heilsgeschichtlicher Trimphalismus durch, den gerade die Juden in besonderer Weise zu spüren bekommen? Ist er aber die unvermeidliche Konsequenz aus dem Glauben der Christen an das in Christus endgültig verbürgte Heil? Haben nicht vielmehr auch die Christen noch etwas zu erwarten und zu befürchten - nicht nur für sich selbst, sondern für die Welt und die Geschichte im ganzen? Müssen nicht auch die Christen ihr Haupt erheben dem messianischen Tag des Herrn entgegen? Welchen intelligiblen Rang aber hat für christliche Theologen eigentlich die urchristliche Lehre von der Erwartung des messianischen Tages des Herrn? Welche Bedeutung hat sie - nicht nur als (ohnehin meist ratlos oder verschämt behandelter) Inhalt christlicher Theologie, sondern als Prinzip theologischer Erkenntnis? Hätte sie eine (oder hätten Christen sie an Auschwitz neu entdeckt), dann würde sie als erstes verständlich machen, daß messianisches Vertrauen nicht identisch ist mit der unter Christen häufig herrschenden Sinneuphorie, die sie so unempfänglich macht gegenüber apokalyptischen Bedrohungen und Gefährdungen inmitten unserer Geschichte und die sie mit der Apathie der Sieger auf fremdes Leid reagieren läßt. Und sie würde christlicher Theologie vielleicht bewußter machen, wie sehr die apokalyptisch-messianische Weisheit des Judentums im Christentum gesperrt und verdrängt ist. Wenn für mich die Gefahr jüdischer Messianität darin besteht, daß sie alle Versöhnung für unsere Gegenwart immer wieder suspendiert, dann besteht für mich die Gefahr christlich verstandener Messianität darin, daß sie die in Christus begründete Versöhnung zu sehr in unsere Gegenwart einschließt und dem jeweils gegenwärtigen Christentum nur allzu gern ein Zeugnis seiner moralischen und politischen Unschuld ausstellt" (J.B. Metz, Jenseits bürgerlicher Religion, München-Mainz 1980, 37f).

Gerade das ernsthafte Hinhören der Christen auf die sogenannten messianischen Texte des Ersten Testaments sollte sie einerseits dafür wach halten, daß die Verheißungen Gottes *noch nicht* erfüllt sind - wie unerträglich wären sonst die Gegenwart und die Zukunft, wenn wir über das hinaus, was schon "ist", nicht noch etwas zu erwarten, zu erhoffen hätten (nämlich: IHN, den zur Vollendung kommenden Gott)! Und das Hören auf das Erste Testament sollte andererseits das die Christen ärgernde Nein der Juden zu Jesus als dem Messias verständlich machen, wenn diese, nicht zuletzt aus der Differenz zwischen den messianischen Texten des Tenach und der von den Christen mit Jesus verbundenen messianischen Wirklichkeit, die Messiasfrage meinen offen halten zu müssen - um des Gottesreiches willen!

Juden und Christen lesen die gleichen biblischen Schriften als "Heilige Schrift". Die Juden lesen sie als ihren Tenach, die Christen lesen sie als ihr "Erstes Testament". Beide tun dies im Horizont ihrer je spezifischen Tradition, auf dem Boden der "mündlichen Tora" (Mischna und Talmud) bzw. auf dem Boden des Zweiten (Neuen) Testaments. Juden und Christen lesen diese "Heiligen Schriften" nicht aus historischem, sondern aus kanonischem Interesse, d.h. um aus ihnen *in ihrer Gegenwart* Gottes berufende und rettende Anrede zu hören - für ein Leben im Dienst der in dieser ihrer gemeinsamen Welt anbrechenden Gottesherrschaft. Beide hören diese Anrede jeweils anders. Und es kommt darauf an, die verschiedene Lesart nicht in Gegnerschaft, sondern in Partnerschaft zu respektieren.

Worauf es für uns Christen dabei ankommt, hat der Bonner Dogmatiker *Wilhelm Breuning* geradezu klassisch so formuliert:

"Vielen erscheint die Möglichkeit, das Christusgeschehen im christlichen Sinn des absoluten Heilsbringers zu deuten und zugleich eine gegenwärtig gültige Heilsstellung Israels im offenen Sinn einzubringen wie die Quadratur des Kreises. Ich möchte die Neueinstellung, die mit dem Zweiten Vatikanum ihren Durchbruch gewonnen hat, als eine Möglichkeit verstehen lernen, die mit der inneren Eigenart der Offenbarung Gottes ... zusammenhängt. Dabei geht es nicht um die lediglich gedankliche Bewältigung eines Problems. Wenn man aber Gegensätzliches und Unterschiede auch nicht auf Biegen und Brechen in eine menschlich erdachte Synthese hinein auflöst, so gibt es möglicherweise doch eine Kohärenz, die aus dem wahrgenommenen Willen Gottes entspringt. Ist es von daher möglich, daß die Kirche alles, was der offenbarende Gott in der Heilsgeschichte gewirkt hat, *zwar auf sich bezieht ..., aber nicht für sich vereinnahmt?* Es gilt, dem offenbarenden Gott die Antwort zu geben auf das hin, was *er* in der Geschichte getan hat. Das ist die menschliche Seite des Ereignisses, wie die Herrschaft Gottes im Kommen ist: Antwort geben, nicht vereinnahmen" (W. Breuning, Mit dem Stamm Abrahams geistlich verbunden, in: FS-E.L. Ehrlich, Freiburg 1991, 29).

Daß Gott an Israel gehandelt hat und daß er in Treue zu seinem "ewigen" Bund mit Israel steht, bis ans Ende der Geschichte, *auch* darauf muß die Kirche ihre Antwort geben. Die Kirche kann nicht aus der Hand des Juden Jesus die jüdische Bibel entgegennehmen und übersehen wollen, daß buchstäblich jede Seite zuallererst Israel anredet!

Daß Gott die gleichen Worte zu Juden und Christen sagt, mit der Absicht, daß sie daraus unterschiedliche Konsequenzen ziehen sollen, kann man auch als Zeichen der besonderen Lebenskraft dieses Gotteswortes zu begreifen versuchen. Daß Gott "nur" mit den Juden oder "nur" mit den Christen reden darf, ist ohnedies eine geradezu absurde Idee.

Es wird höchste Zeit, daß Juden und Christen das sie Unterscheidene als Chance einer lebendigen Gemeinsamkeit begreifen und akzeptieren.

Autorenliste

Edna Brocke
Jüdische Theologin, Leiterin der Alten Synagoge in Essen

Peter Fiedler
Professor für Religionspädagogik an der Pädagogischen Hochschule Ludwigsburg (kath.)

Hubert Frankemölle
Professor für Exegese des Neuen Testaments an der Universität/ Gesamthochschule Paderborn (kath.)

Klemens Richter
Professor für Liturgiewissenschaft an der Westfälischen Wilhelms-Universität Münster (kath.)

Herbert Vorgrimler
Profesor für Dogmatik und Dogmengeschichte an der Westfälischen Wilhelms-Universität Münster (kath.)

Erich Zenger
Professor für Exegese des Alten Testaments an der Westfälischen Wilhelms-Universität Münster (kath.)